なぜ、おかしの名前はパピプペポが多いのか？
川原繁人
言語学者、小学生の質問に本気で答える
Discover

本書の使い方

言語学・音声学（本書）の効能

・毎日当たり前のように使っている「ことば」は、実は不思議で満ちあふれています。目をこらし、耳を澄ませば、いつでもどこでも不思議を発見できます。この発見の喜びを通して、人間について深く知ることができます。

・科学的探究の方法を、身近な題材を用いて体感できます。必要なのは、好奇心と「自分でも考えてみよう」という姿勢のみ。高価な実験器具は不要です。

・小学生でも大学生でも大人でも、その気になれば誰でも新発見ができます（本書でも小学生の質問から新発見が生まれました）。

・短歌や日本語ラップなどを音の観点から鑑賞でき、これらの言語芸術を味わう視界が広がります。漫画に現れる独特な表現の背後にある原理も学べます。

・自分が音を発音する仕組みを知ることで、声の使い方がうまくなります。歌う人や演技をする人、アナウンサーなどに特におすすめです。

・外国語の発音を客観的に理解して身につける能力が得られます。この能力は、言語を教える先生にとっても有用です。

・音から直接的に喚起されるイメージを理解することで、ネーミングやキャッチコピーづくりに応用できます。

・これからの社会に大きな影響を与えるであろうChatGPTに代表される自動応答チャット生成技術に関して、正しい理解を得る助けになります。

・言語の多様性を知ることで、世界が広がります。すべての言語が同様に尊いことを実感でき、日本語に対して根拠のない劣等感（または優越感）を持つことがなくなります。

・子どもの発話の仕方を理解することで、尊敬の念を持って子どもたちと接することができます。

・ことばを話せることがどれだけすごいことかを理解し、そんなことばを話せる自分のことが（もっと）好きになれます。

本書の特徴

・小学生を対象にしておこなった実際の授業にもとづき、筆者と小学生の対話を再現。

・それぞれの授業の後にはレベルアップ解説つき。

・対象読者：小学生から大人まで幅広くお楽しみいただけます。

・サポートページでは本書の理解を深めるための動画や本文中で紹介した研究論文がまとめてあります。http://user.keio.ac.jp/~kawahara/d21.html

小学生向けの授業を大人が読む理由

・本書は小学生でもわかる授業にもとづいているので、世界一わかりやすい言語学の入門書といえます。

・対話にもとづいた講義なので、小学生と一緒に考えながら「発見の喜び」を追体験できます。「気づかないだけで知っていること」に気づいていく子どもたちの楽しそうな様子を見ながら、読者のみなさまも気づきの喜びを一緒に味わってください。そして、「質問とそれに対する答え」という対話からこそ紡がれる学びがあることを実感してください。

・大人にとって「ことば」という存在は身近すぎて、疑問にすら思わないかもしれませんが、小学生たちはまだまだ「ことば」について学んでいる最中。大人だと遠慮してしまう質問も子どもたちは容赦なく先生に投げつけます。しかし、そんな疑問や子どもならではの発想にこそ、「ことば」の本質が潜んでいます。

・授業の部分は小学生でも読めるはずです。お子さんがいらっしゃる読者の方は、ぜひお子さんと一緒に読んでみてください。「ことば」はすべての学びの基礎になるものですから、小さい時にことばについて考える姿勢を身につけておくことは決して損になりません。また、本書の中には、お子さんの自由研究のテーマに使えるようなトピックがたくさん出てきます。

・大人の読者がお子さんに「ことば」について質問された時にも一緒に考えられるヒントがたくさん。

・教育に携わる人全般にもおすすめです。小学生に教えるためにはどんな工夫が必要なのか考えることで、人にものを教える時のヒントなども学べます。

本書の読み方

・ささっと読みたい人は授業の部分だけを。

・じっくり理解を深めたい人は、レベルアップ解説も。

・どちらにしても、小学生と一緒に例を考えながら、口を動かしていきましょう。

注：本文では子どもたちの名前を呼び捨てにしていますが、これは和光小学校の慣習に従ったものです。

はじめまして、言語学者です

小学生と一緒にことばの旅に出よう！

私たちが毎日使っている「ことば」について、改めて見つめ直してみませんか。

本書は、ことばに関する他の本と異なる特徴が二つあります。

一つ目は、読者のみなさまが、文字通り、「好奇心に溢れた小学生と一緒にことばの探検の旅に出る」ということです。

これから繰り広げられる議論は、私が実際に小学生を相手にしておこなった特別授業がもとになっています。大人だったらためらってしまうような質問でも、小学生は遠慮なしにぶつけてきます。実際に授業をおこなってみて、そんな率直な態度に向き合うことで浮かびあがってくる「ことばの真実」があると感じました。

また、本書のもとになった授業の参加者は小学生ですから、本書は、大人はもちろん、小学生でも楽しんで学べる書き方になっています。

各授業の後には、補足説明（レベルアップ）を加えており、多少上級編の話も盛りこんでいますが、こちらもわかりやすさを心がけて執筆しました。

本書の二つ目の特徴は、その探検の核になっているのが「対話」であるということです。小学生を相手に授業をした際、私は「先生として一方的に何かを教える」という意識を極力なくして臨みました。「小学生と一緒に何かを考えたい」という気持ちが強かったのです。

普段、大学生たちと関わっていると「学問は先生に一方的に教えてもらうもの」と受け身の態度で授業に参加する学生が多い気がします。ですが、教わる側ももっと積極的に議論に参加してほしいと常々思っています。

教える側も教わる側に多くを学んでいますし、私は本当の学問は対話の中にこそ生まれるものだと感じています。

学びの場にあっては、「教える側」も「教わる側」も対等であるべきですし、受け身で授業に臨んでいた大学生の中にも、こちらから働きかければ、積極的に議論に参加してくれる人もいます。こんな私の経験をもとに、今一度、学問を一方通行ではなく対話によって紡ぐことに挑戦してみたかったのです。

さて、本書の大きなテーマは「ことば」です。

普段当たり前のように使っていて意識することすら珍しいであろう「ことば」ですが、ことばについて考え始めると不思議が溢れ出してきます。

大人も子どもも楽しく探検できる楽しい「ことばの旅」の始まりです。

さあ、「さっそく出発！」といきたいところですが、その前に、今回の企画がどのように始まったのか、それをまずお話ししたいと思います。

言語学・音声学ってなんですか？

私は「言語学」、その中でも特に「音声学」という分野の研究をしています。

経済学や物理学などと違ってあまり聞き慣れない名前かと思いますし、言語学や音声学が実際にどのような研究をしているのかを知っている人はあまり多くはないのではないでしょうか。

簡単に説明しますと、言語学とは「私たち人間が毎日生活する中で使っている言語について、様々な角度から研究する学問」です。その中でも音声学では、人間が言語を使う時に発する「声の仕組み」を研究します。

先ほども述べた通り、「ことば」というものは私たちにとってあまりに身近で、改めて「ことば」について問うことは少ないかもしれません。しかし、ことばを見つめ直してみると実に多くの不思議に溢れています。

私の専門とする音声学を例にとると、

●私たちは、そもそもどうやって声を出しているの？
●私たちは、どうやってこんなにたくさんの種類の音を操ることができるの？
●私たちは、どのように口の中を動かしたらどのような音が出るの？
●私たちは、赤ちゃんの時にどうやって日本語の発音を覚えたの？
●私たちの声は、どうして遠くにいる人の耳に届くの？
●私たちは、話し相手の発音したことをどのように理解しているの？

と次々に疑問が湧いてきます。

音声学者たちは、このような疑問に答えを出そうと日々研究を続けているのです。

気がついた方もいらっしゃるかもしれませんが、先の質問はすべて「私たち人間」が主語に入っています。

これは、音声学や言語学が「私たち人間のことをより深く知ろう」という学問であることを物語っています。ですから、本書を読む一番の効用は「自分自身について、そして人間について、より深く知ることができる」ことと言えるでしょう。


ただし、それだけでなく、音声学を学ぶことには、他にもうれしい実利的な効用もあります。

例えば、音声学の基礎知識があると、英語や中国語などの外国語を学ぶ時に、その言語の発音がどうなっているのかを客観的に理解することができ、学習の大きな武器になります。同様に、日本語や英語などを教える仕事をしている先生たちにとっても、言語音がどのように発音されているかを客観的に理解することは有用なことだと思います。

また、最近ではプロの歌手や声優、アナウンサーの方々と一緒に仕事をする機会が増えてきました。彼ら・彼女らの中にも「音声学を通して発音の仕組みを知り、その知識が自分の仕事に役立った」と証言してくれる方が少なくありません。

ラッパーの人たちの中にも、明らかに音声学的な知見にもとづいて歌詞を書いている人がいらっしゃいます。プロでなくても、歌や演技など声を使って何かを伝えることが好きな人には、音声学の基礎知識を身につけることはとてもおすすめです。

また、短歌などの日本の伝統的な言語芸術にも音を使った技法があり、音声学というレンズを通すと見えてくる新しい風景があります。

最近、この分析を歌人の俵万智さんに披露する機会をいただいたのですが、短歌を味わう新たな視点をご提供することができたようで、私としてもうれしかったです。本書では取りあげませんが、私は音声学の観点から日本語ラップの韻のパターンも分析していて、音声学を知っているからこそ見えてくるラップの素晴らしさなどもあります。

ひと言でいえば、音声学を学ぶことで世界の解像度が上がり、今まで見えなかった風景が見えてきます。その結果、人生が豊かになります。

言語学を小学生に教えられますか？

さて、本企画が始まった経緯を簡単に説明したいと思います。

私自身、博士号をもらって（一応）一人前の研究者になってから一五年ほどが経ちました。ありがたいことに、専門家以外の方々に向けて音声学という学問を解説する機会も多くいただくようになりました。

そんな中で次の企画として「小学生にもわかるように音声学を解説してみては？」とい

う話が持ちあがりました。

私としても経験したことのない挑戦で、確かにおもしろい試みになりそうな予感はありました。

しかし同時に「小学生にもわかるように」書くのであれば、「実際に小学生に教えてみたい」という気持ちが湧きあがってきました。「教えたつもり」で執筆してしまっては「看板に偽りあり」になるであろうと感じたのです。


ちょうど時期を同じくして、私の前著が刊行され、その本を幼稚園時代の恩師であり、当時和光小学校の校長をされていた北山ひと美先生にお送りしていました。すると北山先生がお礼のお手紙を送ってくださいまして、しかも、私が解説している言語学という学問が初等教育にも重要なのではないかとおっしゃってくださいました。

これも何かのご縁かと思い、実際に和光小学校で言語学の授業をおこなうことになったのです。授業の参加者を四、五、六年生から募ったところ、三〇名以上の参加がありました。

小学生に授業するという機会は初めてでしたから、子どもたちがことばに関してどんなことに興味を持ってくれるかわかりませんでした。そこで、あらかじめ質問を募集しておいて、その質問に答える形で授業を進めることにしました。

少し先取りして、子どもたちから送られてきた質問を紹介すると、

●日本語で「゛（濁点）」や「゜（半濁点）」が付けられない文字があるのはなぜ？
●「ぱぴぷぺぽ」は英語の単語やおかしの名前に多く使われているけど、どうして？
●原始人はどうやってしゃべっていたの？
●ものの名前はどうやって決まったの？
●岩手のことばと東京のことばが違うのはなぜ？

どれも言語学の核心を突くような質問ばかりです。私は小学生にも理解してもらえるように、これらの質問に答えていくため入念に準備して本番に臨みました。

授業は計二時間半の長丁場だったにもかかわらず、子どもたちは最後までついてきてくれました。好奇心のかたまりである子どもたちからの質問に答えながら「言語とは何か」が改めて浮かびあがってきた手応えがあります。

こちらも先取りになりますが、子どもたちが授業の最後に書いてくれた感想を抜粋します。

●「が」と「か」の違いを探したり、口の中の動きを見たりしておもしろかったです……ことばはおもしろいと思いました。

●昔の人は「はひふへほ」を「ぱぴぷぺぽ」と言っていたのはびっくりした。

●ポケモンは見ていたけど、名前だけで強さがわかるなんてびっくり。意外とアニメにも（研究の）ヒントがあるから、今度から気にしてみようと思う。

●小さい子がことばの間違えをするのがなぜなのかが気になっていたけど、それがわかってよかった。「間違え」じゃなくて、それもいいことなのだとわかった。

●自分はあまりことばに興味がなかったけど、今日のお話でことばってとてもおもしろいものだと思いました……これからはもっとことばについてたくさん知りたいと思いました。

本書では、この特別授業の雰囲気をできるだけそのままに、言語学という学問を紹介していきたいと思います。

また、授業には私の幼稚園・小学校時代の担任の先生も参加してくれました。そして、授業の合間に小学生を相手に教えるためのコツなども教えていただきました。

この年齢になると自分の教え方にアドバイスをもらえる機会などなかなかないので、これは本当にありがたいことでした。実際にどんなアドバイスをもらって、それらを私がどのように活かそうとしたのかは、本書の中で明らかになっていきます（↓昼休み）。

おかげさまで大人向けの授業では絶対に成し遂げられなかったことができました。大げさでなく、一人の教育者として成長する機会をいただけたと思いますし、大学の教員に限らず、教えることを仕事にしている人は「小学生に教える」という経験を一度はしても損にならないだろうと感じました。

小学生に教えるためには、相手がどれだけの前提知識を持っているかを、まずしっかりと見極めなければなりません。相手があまり前提知識を持っていなくても、どこまで自分の学問の核心を伝えられるか。この見極めのために、自分の学問を見直すのはとてもよい経験になると思います。

また、小学生は遠慮がありませんから、つまらなければ、飽きてしまいます。「わかるやつだけわかればよい」という態度は通用しませんから、しっかりとした工夫が必要になります。

あの生き生きとした子どもたちとの対話の雰囲気を、読者のみなさまにも感じていただければ幸いです。

目次

放課後 まだまだ質問に答える 213

ことばは
おもしろい

朝礼

授業当日、私は緊張していました。普段の私は学会や講演会などの発表準備は最低限に済ませるタイプで、読み上げ原稿などは用意しません。もちろん面倒だからという理由ではなく、あまりぴっちりと準備してしまうと、参加者との対話ができなくなってしまう気がするからです。参加者の顔色を見ながら、時には質問を受けつけて、その場で発表をつくり上げていくやり方が自分の好みに合っているのです。

しかし、今回の授業は話が違いました。小学生相手の授業というのが初めてだったのもありますが、何より、母校で特別授業をするという独特の緊張感がありました。しかも、自分の恩師まで参加してくれることになっていたので、ハードルは上がるばかり(参加するように頼んだのは他ならぬ自分だったはずですが)。普段よりも入念にスライドを準備し、普段の講演だったらやらないリハーサルまでして……。行きの電車の中でもスライドをプリントしたものとにらめっこしながら、イメージトレーニングをしていました。ここまでしたのは就職活動中の面接発表の時以来かもしれません。今振り返ると本当に緊張していたのだと思います。

ただ、緊張して子どもたちと対話できなくなってしまったら本末転倒です。ステージに上がったからには、思いっきり楽しもう。そして、子どもたちと一緒にしか紡げない時間を紡ごう。そんなドキドキと決意を持って、私は話し始めました。

川原　まず、はじめましてから。はじめまして！

――　はじめまして！

川原　ああ、いいね。こうやって元気な反応が返ってくるの。最近の大学生は恥ずかしがり屋が多くて、なかなか授業中に反応してくれないんだ。大学の授業は静かになりがちだから、こういう元気な反応は新鮮でうれしいです。質問したり、発言したりするだけで素晴らしいことだから、今日は元気にやっていきましょう。

ことばの研究って何がおもしろいの？

川原　じゃあさっそく授業を始めましょう！

らんが大胆に直球で聞いてくれた質問があるので、この質問から取りあげたいと思います。「ことばの研究って何がおもしろいの？」。これいい質問だよね。大人相手に話をしても、「先生、その研究は何がおもしろいんですか」ってなかなか聞いてくれないから、こうやって聞いてくれたのはうれしかったです。この質問には今日一日を通して答えていくつもりです。

でも、私は二〇歳の時に「自分の人生、ことばの不思議に向き合うことに捧げる」って決意して、それから二二年間言語学者をやめたいと思ったことはないから、たぶん楽しいんだと思う。なんでかは……ひと言では難しいから、具体的にいろいろ話していくことにするね。

今日の授業を聞いたあと、みんなが家に帰って「将来、言語学者になろう」と思うかもしれない。思わなくてもいいんだけれど、少なくとも「ことばについて考えるってこんなに楽しいんだ」って思ってもらえたらいいなと思います。

じゃあウォームアップとして、ことばの研究の魅力を伝えるために、こんな例を持ってきました。

「にせ**た**ぬきじる」という表現と「にせ**だ**ぬきじる」という表現をゆっくり考えてみて。この二つの意味の違いは感じられる？

みあ 「にせたぬきじる」というのは、「たぬきじる」に「にせ」を付けたもので、「にせだぬきじる」っていうのは「だぬき」に「にせ」を付けたもの。

川原 そうだね、「だぬき」まぁ「たぬき」だね。つまり、「にせたぬきじる」で、にせものなのは何?

――たぬきじる!

川原 そう!「にせたぬきじる」は「たぬきじる」のにせものです。「にせだぬきじる」は、「たぬき」の「にせもの」が入ったおしるです。この違いわかった?

――「にせたぬきじる」は、「たぬきじる」をにせものにして、それをまたさらににせものにしたの?

＊補足＊ この発言は非常に興味深いものです。「にせたぬきじる」で「にせもの」なのは、「たぬき」と「しる」両方でもあり得ます(↓レベルアップ0)。その感覚を「さらににせものにした」と表現したのでしょうか。

川原 そうだね、ただ大事なのは「にせたぬきじる」は「たぬきじる」の「にせもの」だってこと。

ここで不思議なのは、「た」に「゛」が一つ付くか付かないかだけで意味が違ってしまうってこと。「た」と「だ」が違うだけで、意味が大きく違っちゃう。

でも、この意味の違いってみんな誰にも教わってないよね？　絵本には出てこないし、お父さんもお母さんも教えてくれなかったと思う。「いい？　みあちゃん、『にせたぬきじる』の意味はこれで、『にせだぬきじる』の意味はこれよ」なんて教える親はいないからね。

だけど、みんなには意味の違いがわかったよね。自分ですぐにぱっとわからなくても、みんなで一緒に考えたら「ああ、なるほど」ってなったでしょう?

『〟』だけで、なんで意味の違いが出てくるんだろう?」「なんでこの違いがわかるんだろう?」って不思議に思わない？

この不思議を発見できるのが、言語学の魅力の一つです。

レベルアップ0

にせだぬきじるが語ること

「にせ**た**ぬきじる」と「にせ**だ**ぬきじる」の意味の違いは、私が言語学の紹介をする時によく使う例です。

まず大事な点は「にせたぬきじる」も「にせだぬきじる」も、これらの表現を過去に聞いたことがある人はまずいないということ、そして、それにもかかわらず、母語話者であれば意味の違いがわかるということです。実際に、小学生もこの二つの表現の違いを感じとっていました。

「過去に聞いたことがないのに、意味の違いがわかる」というのは非常に大事なことです。この事実は、「ことばが理解できる」ということは「過去に聞いたことのある単語の意味を暗記する以上の何かを含んでいる」ことを示しています。これは当たり前のことではありません。なぜなら、過去に聞いたことのない表現は、原理的には無限に存在します。つまり人間は「無限に存在しうる表現の意味を理解する能力」を持っているわけです。

では、なぜ「にせ**た**ぬきじる」と「にせ**だ**ぬきじる」の意味の違いがわかるのでしょうか？

「にせたぬきじる」と「にせだぬきじる」の構造の違い

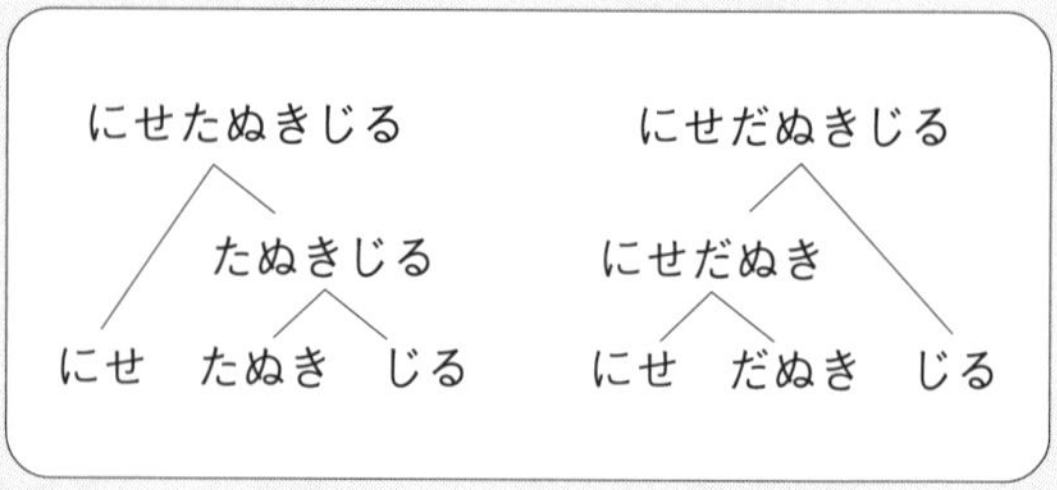

これを理解するために、それぞれの表現において何が「にせもの」なのかを考えてみましょう。小学生が看破してくれたように、「にせたぬきじる」は「たぬきじる」のにせものであるのに対して、「にせだぬきじる」は「たぬき」のにせものが入った「しる」です。

この違いは次のように表現できます。

にせたぬきじる＝「にせ」＋「たぬきじる」
＝「にせ」＋「たぬき＋しる」
にせだぬきじる＝「にせだぬき」＋「しる」
＝「にせ＋たぬき」＋「しる」

つまり、「にせ」「たぬき」「しる」という三つの要素が、どのようにくっついているかが異なるわけです。言語学ではこれを「構造の違い」と考えて、上のような樹形図で表します。

つまり、言語というのは、単語がただ単に並んでいるわけではないのです。ある表現がどのような構造を持っているかが、その表現の意味を決定します。この発見は、現代言語学の大事な洞察の一つです。

さて、次の疑問は、なぜ濁点の有無から、先の意味の違いが生まれてくるのかということです。これを理解するために、「連濁《れんだく》」という現象と「ライマンの法則」を説明しましょう。

まず、日本語では二つの単語をくっつけて新しい単語をつくる時に、二番目の先頭の音に濁点が付く場合があります。これを「連濁」と呼びます。

連濁

こ＋たから↓こだから　**あお＋そら↓あおぞら**

ひよこ＋くみ↓ひよこぐみ　**すずめ＋はち↓すずめばち**

連濁が起こるかどうかはいろいろな要因に左右されるのですが、二番目の単語がすでに濁音を含む場合は連濁が起きません。これを「ライマンの法則」といいます。

ライマンの法則

ひと＋かげ↓ひとかげ　**ひやし＋そば↓ひやしそば**

あか＋かぶ↓あかかぶ　**よこ＋はば↓よこはば**

「にせだぬきじる」

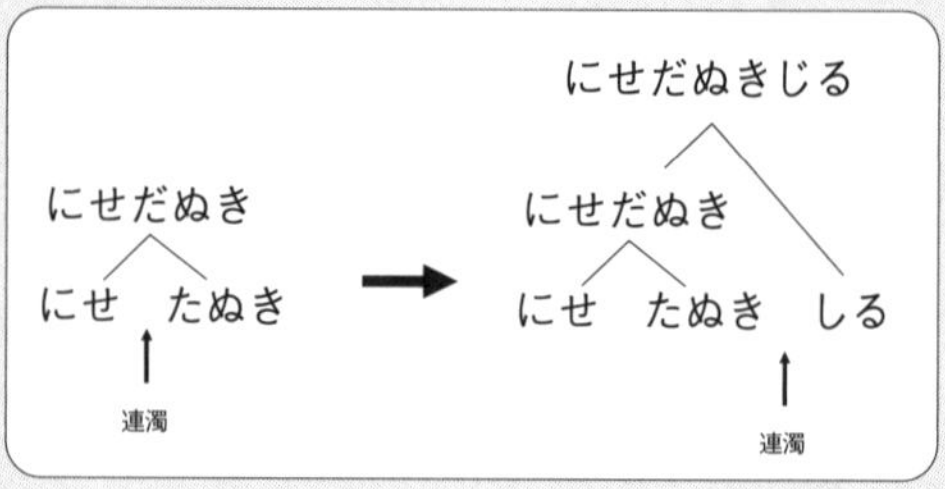

さて、ここで「にせたぬきじる」と「にせだぬきじる」の例に戻りましょう。

まず、後者の「にせだぬきじる」は「にせ」の「たぬき」が入っている「しる」でした。「にせ」なのは「たぬき」だから、「にせ」と「たぬき」をくっつけると、連濁が起こって「にせだぬき」になります。これに「しる」をくっつけると、また連濁が起こって「にせだぬきじる」となるわけです（上図）。

では「にせたぬきじる」はどうでしょうか。

こちらは「にせ」の「たぬきのしる」でした。ですから今度は、「たぬき」と「しる」をくっつけると、連濁が起こって「たぬきじる」ができあがります。次に、「にせ」に「たぬきじる」をくっつけると、「たぬきじる」にはすでに濁音が含まれていますから、ライマンの法則により連濁が阻止されます。よって「にせたぬきじる」が生まれます（左ページの図）。

まとめると、二つの表現の意味の違いは、「にせ」「たぬき」「しる」という三つの要素がどのような順番でくっついているのか（つまり、どのような構造を持っているのか）に還元できます。

それぞれの順番通りに連濁を適用すれば、ライマンの法則により、「にせ＋たぬきじる」の時のみ連濁が阻止されます。よって、聞き手が「にせたぬきじる」や「にせだぬきじる」という表現を聞いた時に、適切な解釈が自然と導かれるわけです。

「にせたぬきじる」

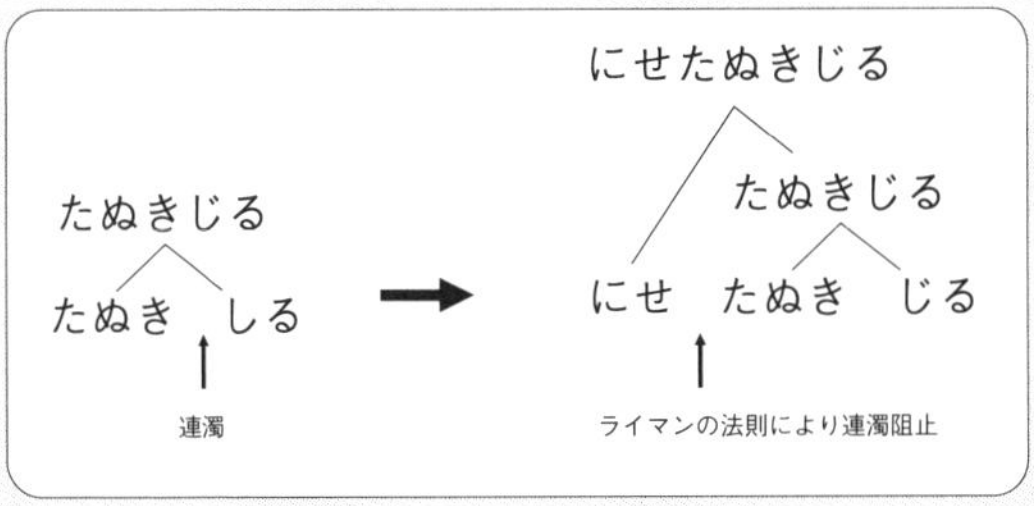

これらのことを考えると、日本語母語話者は「連濁」や「ライマンの法則」を無意識的にではあるけれども、抽象的なルールとして知っている、という結論が得られます。だからこそ、ライマンの法則から導かれる濁音の有無から、聞いたこともないような表現（「にせたぬきじる」や「にせだぬきじる」）の意味を推測することができるわけですね。

しかし、私たちは自分が「連濁やライマンの法則について知っている」ということを意識的には知りません。自分が母語に対してどれだけ深い知識を持っているのかに対して驚けること、これが言語学を学ぶ大きな魅力の一つです。

1時間目

濁点「゛」のなぞ

さて本格的な授業が始まります。音声学について学ぶ時、まず学ぶ人に「自分がどのように口の中を動かして音を発音しているのか」を感じてもらうことが大事だと考えています。ですから、「濁点が付く文字と付かない文字があるのはなんで?」という質問を皮切りに、子どもたちと一緒に自分の発音の仕方を見つめ直していくことから始めることにしました。読者のみなさまもぜひ、ここからは小学生たちと一緒に自分の口を動かしていきましょう!

日本語には「゛」が付く文字と付かない文字があるのはなんでですか?

川原　モモは質問をいっぱいくれたね、ありがとう。その中でもこれは非常にいい質問ですね。ことばについて考える時って、自分で例を考えてみることが大事だから、「゛」が付く文字と付かない文字をあげていこうか。

おうしろう　はい! だんご!

川原　「だ」と「ご」だね。単語じゃなくて文字で考えていってもいいかな?

――がぎぐげご、ざじずぜぞ、ばびぶべぼ。

川原　いいねぇ。ここですでにおもしろい傾向が出てきているのわかる？

「『゛』が付く文字と付かない文字を考えてみよう」って言ったんだけど、付く例のほうがぽんぽんと出てくるんだよね。逆に付かない例って意外にぱっと出てこない。

じゃあ、付かないのは？

おうしろう　あいうえお、かきくけこ。

――かきくけこは「゛」付けられるよ。

おうしろう　そっか、難しい。

みあ　らりるれろ。

ゆう　なにぬねの。

はるま　やゆよ。

せな　わをん。

川原　いいね！　こうやって「濁点が付けられる文字」と「濁点が付けられない」文字に分かれるんだね（下表）。

「か」と「が」はどう違うの？

川原　意識したことはなかったかもしれないけど、この二つのグループの区別をみんなは知っているわけだね。じゃあ、この「゛」が何を表しているのか確かめるためにみんなで発音して考えてみよう。みんなで「か・か・か」と「が・が・が」って言ってみて。

濁点が付けられる					濁点が付けられない				
か	き	く	け	こ	あ	い	う	え	お
さ	し	す	せ	そ	な	に	ぬ	ね	の
た	ち	つ	て	と	ま	み	む	め	も
は	ひ	ふ	へ	ほ	や	ゆ	よ		
					ら	り	る	れ	ろ
					わ	を	ん		

――か・か・か。が・が・が。

川原　何が違う？

はるま　「か・か・か」だと、「すんっ」てすかしているみたいな感じがあるけど、「が」だと「どすん」としてる。

川原　いいね、すごい指摘だね。こういう感覚については、あとでもうちょっと詳しくお話しできるかもしれない（→5時間目）。

みあ　表現が変かもしれないんだけど、「か・か・か」だとちょっと弱いイメージがして、「が・が・が」だと力強い感じがする。

りゅうへい　「か」はなめらかな感じだけど、「が」はかくかくしている感じ。

せな　「か」のほうだと柔らかくて、「が」だとすごく硬いってイメージ。

おうしろう　「か」はよくわかんないけど、「が」は何か詰まっているような。

川原　全部素晴らしい着眼点だね！　せっかくだからみんなの観察をまとめよう（下表）。

「かきくけこ」	「がぎぐげご」
すんっ	どすん
弱い	力強い
なめらか	かくかく
柔らかい	硬い
	詰まっている

＊補足＊

ここで小学生たちがあげてくれた感覚の中には、「すんっ」や「詰まっている」など発音してみた感覚を表現しようとしたものも含まれますが、「力強い」や「硬い」など音そのものが喚起する意味も含まれていそうです。

後者のように、音が直接的に意味を生み出す現象を「音象徴《おんしょうちょう》」と呼びます。音象徴に関しては、5時間目で紹介するポケモンの名前の分析で詳しく説明することになります。

ともあれ、小学生が音の感覚についてしっかり感じることができ、それを言語化できることを知って、私はとてもうれしく思いました。

川原 今度は舌がどう動いているかについて考えてみよう。もう一回「か・か・か」と「が・が・が」と発音してみて。口の中で何が起こってる？

——おんなじ……？

川原 素晴らしい。今度は「た・た・た」と「だ・だ・だ」をやってみようか。

——おんなじじゃん。

川原　そうだね、「か」と「が」を発音するのと、「た」と「だ」を発音するのと、何か似ている感じがしない？

——　ほとんど同じ。

川原　ほとんど同じだよね。じゃあ、せっかくなのでおもしろいものを持ってきました。

MRIって見たことある？

川原　これはMRIっていうんだけど、知ってる？　病院で使うものだから、あまりなじみがないかもしれない。音声学者はMRIを使って、人間が発音する時に何が起きているかを撮影するの。

MRIの見方を説明しないとね（下図）。まず左の図は、「あ」って口を開いて発音している図です。この

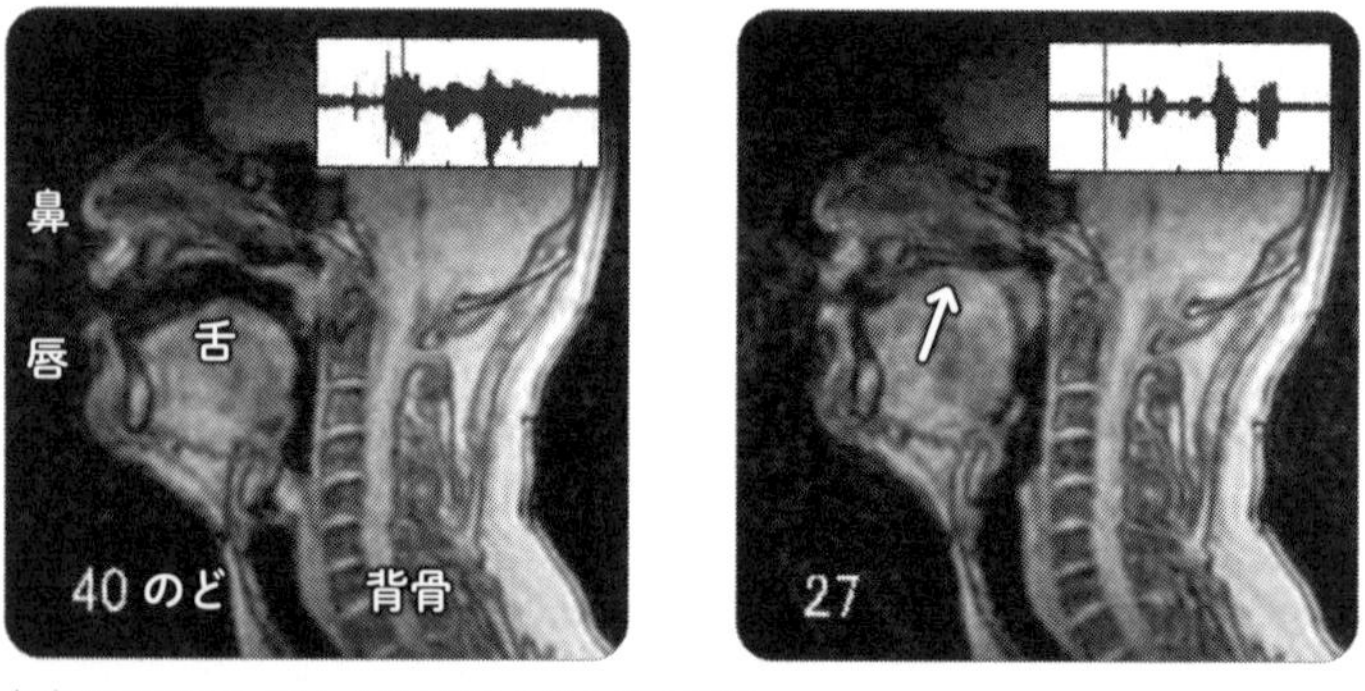

（左）口を開いて「あ」を発している時のMRI画像。
（右）「か」を発している時のMRI画像。舌の奥が盛りあがっている（矢印）。
出典：『音声を教える』国際交流基金 著（ひつじ書房）の付属CD

人は左を向いていて、顔の断面図が写っています。鼻とか唇の位置はわかりやすいかな？　それから、真ん中に写っている丸っこいのが舌。舌の上にある黒い空間が、口の中だね。専門用語では「口腔《こうくう》」っていいます。
じゃあ、次に右の図。これは、「かきくけこ」を発音する時に、どうやって舌を使っているのかを表しています。舌の奥の部分が盛り上がって、口の中が閉じているのがわかる？

「た」と「か」はどう違うの？

川原　じゃあ次に「たちつてと」と比べてみようか。自分で「か・た・か・た・か・た」って発音してみよう。

――「た」は舌が上にいったり下にいったりする。

川原　その通り！　「た」は舌先が動いて口が閉じているね（下図）。「か」は舌の後ろ側で口を閉じるんだったね。ということは、「か」と「た」は舌のどの部分

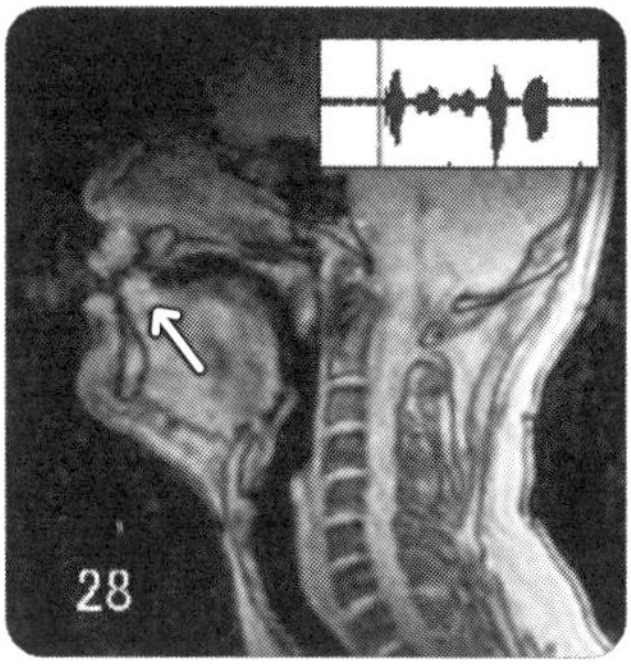

「た」を発している時の MRI 画像

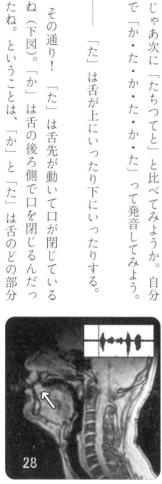

を使うかが違うんだ。

じゃあ、「がぎぐげご」はどうだろう？　また、MRIを見てみよう（下図）。舌の後ろ側が上がって口が閉じてるから、「かきくけこ」とほとんど一緒だね。じゃあ「か」と「が」は何が違うのっていう話になる。

――のど！

川原　どんな感じがする？

――のどの奥が揺れてる！

声帯って見たことある？

川原　そうそうそう、すごくいい。「か」と「が」の違いは、のどの話みたいだね。MRIの次はこちらを見てみよう。性能のいいカメラが先にくっついたファイバースコープを鼻の穴から通して、のどで何が起こっているのかを映す機械があるんだ。

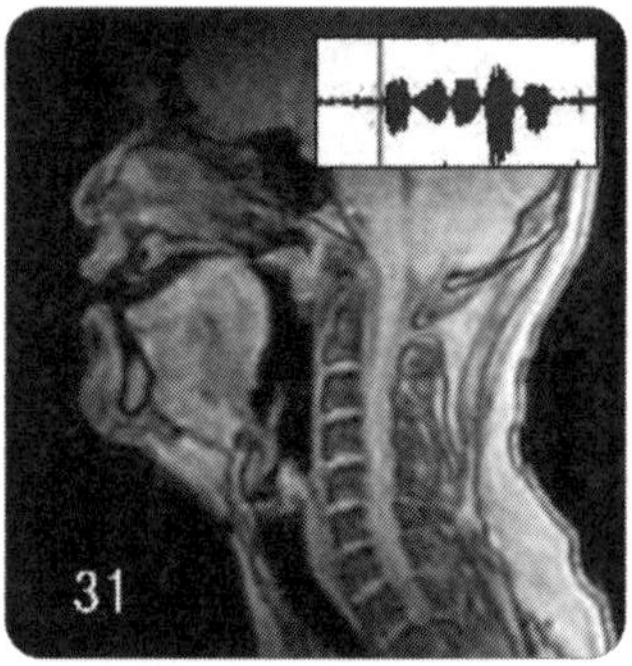

「が」を発している時のMRI画像

これで声帯を映せる。「声帯」って聞いたことがあるんじゃないかな。

ああ、声帯の話をしていたら思い出しちゃった。私が小学生の時に、音楽の先生が声帯にポリープができちゃったの。それで入院して一時期お休みされていた気がする。みんなも聞いたことがあるかもしれないけど、その「声帯にポリープができる」というのはここなの。

みんなが声を出す時に、のどの奥で震えて音を出しているものが声帯です。その声帯が震えている様子をハイスピードカメラで撮りました。

「えけ」って発音している時と、「えげ」って発音している時で、声帯の動きがどう違うか一緒に観察してみましょう（次ページの図）。

この左の図に写っているものが声帯なんだけど、上が背中側で、下がのど側です。右と左に一枚ずつ声帯が付いているのが見える？

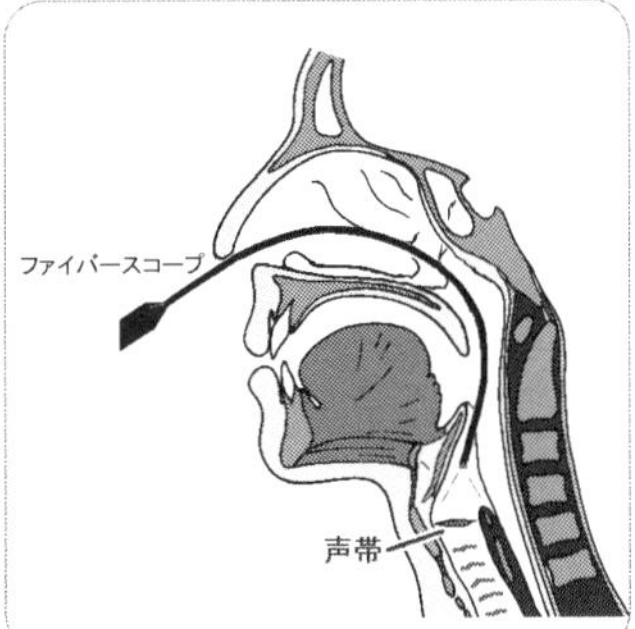

ファイバースコープによって声帯を撮影する仕組み。川原（2018）より引用。提供：今川博先生

まず「え」って発音している時は、二枚の声帯がお互いに近づいて震えます。こうやって声帯を震わすことで、人間は声を出しているんだね。でも、「け」が始まったら、どうなった？（下図右）

――止まってる！

川原　そう、声帯の震えが止まっているでしょう？「け」が始まるにしたがって、二枚の声帯がだんだんお互いに離れていったのがわかる？

――ほんとだ。

川原　それで最終的には、すごく大きく開いているでしょう？「け」の発音をしている時は、声帯はこういうふうに開きます。そして、開いていると声帯は振動しません。

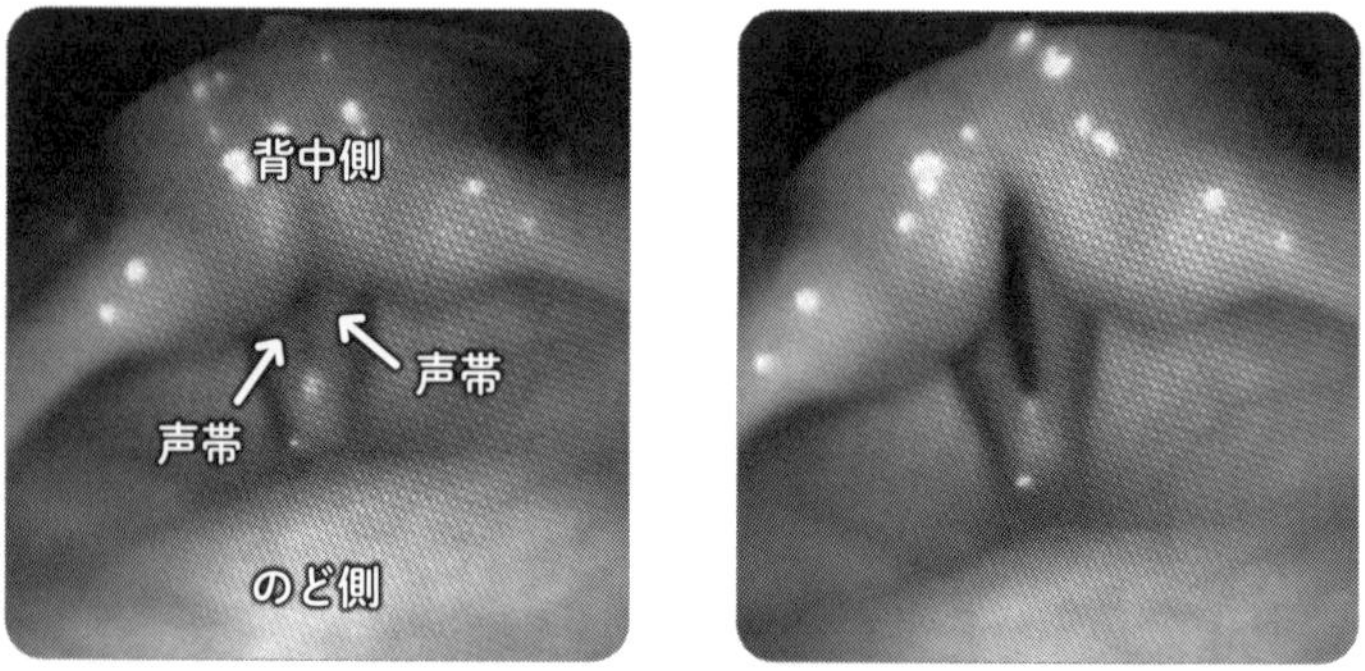

（左）母音の発音中、二枚の声帯が近づいて振動する状態。（右）「け」の子音部分の発音時、声帯が開いて振動しない状態。動画はサポートページで見られます。

でも、二番目の「え」(「け」の「え」)が始まると、また声帯が閉じて震えているでしょう?

まとめるとね、のどの奥には声帯が二枚あって、声を出す時に震えて音を出してくれています。でも、「け」って言う時には声帯が開いていて震えないの。

じゃあ、「えげ」の時はどうなっているのかを見てみようね。

「母音」の部分……あっ、「母音」って言っちゃダメだ、みんなには伝わらないものね。最初の「え」の部分は、前と同じように声帯は震えているね。そして「げ」に入ります。さっきの「け」の時と何が違うかな?

＊補足＊
思わず「母音」という専門用語を使ってしまっています。小学生相手に専門用語を使わずにどこまで伝えられるか、常に意識はしていたつもりですが、ぽろっと出てしまったのですね。ここでは自分で気がついて言い直しました。

――揺れてる! ずっとぱくぱくしてる。

川原 そう、ずっとぱくぱくして振動しているの。いい表現だねえ!

「えげ」って発音した時は、ずっと声帯が近づいたままで振動を続けています。ということは、「か」と「が」は何が違うのかというと、「かきくけこ」の時は声帯が開いて震えなくなっちゃう。

だけど、「゛」が付いて「がぎぐげご」になると声帯が震えます。さっき、はるまが「かきくけこ」は『すんっ』ってすかしている」って言ったじゃない？「かきくけこ」は声帯が震えないから「すっ」と空気が流れる感じがしたのかな。それに対して「がぎぐげご」の時は、ずっと声帯が震えていて「ずーん」としている感覚があったのかなって思いました。

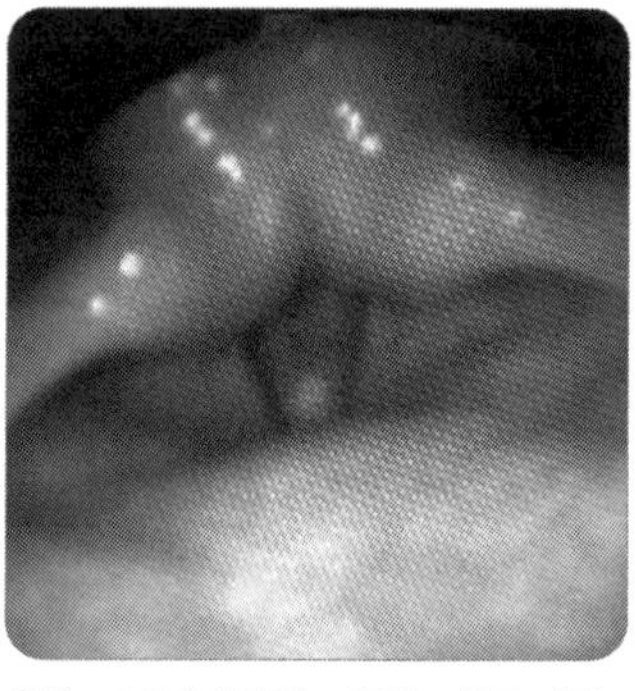

「げ」の子音発声時の声帯の様子。「け」の時と違い、二枚の声帯が近づいて振動している。動画はサポートページにて。

ちょっと難しくなってきちゃったかもしれないから、まとめるね。

「゛」が付く音と付かない音って、口の使い方はほとんど一緒。違いはのどの中に入っている声帯が震えるか、震えないか。「゛」が付くと震える。「゛」が付かないと震えない。

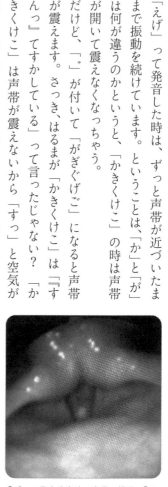

なぜ「あ・な・ま・や」には「゛」が付かないんだろう?

川原 じゃあ、モモの質問に戻ろう。「あ・な・ま・や」とかには、なぜ「゛」が付かないのでしょうか。ヒントは今までの話の中にあるよ。「えげ」の時のハイスピードカメラの映像を思いだしてみて。

——外国の人だったら発音できるかもしれないよ。

川原 その考え方もおもしろいね。その点はあとで触れられるかも(48ページ)。

はるま 「あいうえお」を言ってる時点でのどが震えているから!

川原 素晴らしい! そうだね。「え」を発音する時のどが震えていたよね。「゛」が付けられない音って、声帯が震えないんじゃなくて、「゛」を付けなくても声帯が震えちゃうの。「あ・な・ま・や」を言う時って、わざわざ「゛」を付けなくても声帯は震えてるんです。だけど、「か・さ・た・は」のように「゛」が付くかもしれない文字には、声帯を震わせる時にはちゃんと「゛」を書きましょうという約束になっているんだね。

#「あ」に「゛」が付いたらどんな音になりますか？

川原　ただし、「あいうえお」にも場合によっては「゛」が付きます。おもしろい例を持ってきました！『鬼滅の刃』の三巻で善逸《ぜんいつ》が登場するシーンです。「あ」に「゛」が付いてるよね。これはどんな音だと思う？「汚い高音」ってちゃんと漫画に書いてあるんだけど、実際にはどんな音かな。

――おおおお――――！

川原　そうそう、いいねいいね！みんなんで「あ」の発音の仕方を知ってるの？これも不思議でしょう？小学校で平仮名を習う時に、「あ」の発音の仕方なんて教わったことないのに、みんなは「あ」がどんな音になるかわかるんだね。

出典：『鬼滅の刃』吾峠呼世晴 著（集英社）3巻

もう一個『呪術廻戦』から例を持ってきたよ。
これはどんな音？

――いいい゙い゙～～～～～～～～～い゙！

川原　ほら、不思議だと思わない？　学校で教わったわけじゃないのに、この発音の仕方を知っているなんて。

出典:『呪術廻戦』芥見下々 著（集英社） 3巻

ちょっと難しくなっちゃうかもしれないけど、がんばって説明してみるね。「か」とか「た」って言う時は、口の中が完全に一回閉まるんだったよね？（40と41ページの図）だけど、「ま」は両唇を閉じてハミングする時みたいに［mmmmmmm］ってずっと言えるでしょう？　「ま」って言う時は鼻から空気が流れているから、続けて発音できるの。

――mmmmmmm（子どもたちが、それぞれハミング音を発音してみる）

川原　いいね、ちゃんと自分で発音してくれて。

「ご」が付けられる音は、口の中が一回完全に閉じるか、「ス」つまり［sssssss］って発音する時みたいに、口の中がすごく狭くなります。「ご」が付く音は、口の中が「閉じる」か「すごく狭くなる」か、どっちかです。

さっき、「あ」や「い」に「ご」を付けた時、みんなはのどを締めていました。つまり、「ご」は、「声帯を震わせましょう」ということの他に「口のどこかを狭くしましょう」ということを表しているんだ。

「ご」ってもともと口の中が狭くなった音にしか付けられないけど、「あ」や「い」のように「ご」が付けられない音に無理矢理「ご」を付けたから、「口のどこか（のど）を狭くしましょう」とみんなは理解したわけよ。だから、「あ」や「い」を発音する口の形をしたまま、のどを締めたんじゃないかな。

「ことばの研究って何がおもしろいの？」の答え

川原　はい、ちょっとまとめます。

らんの質問「ことばの研究って何がおもしろいの？」に答えよう。まずね、「お手頃」です。小学生のみんなも自分の体で発音して感じられたよね。言語学って、「私はどうやってしゃべっているんだろう」って一人で考えてもいい学問なのね。すごい楽ちんでお金もかからない。ＭＲＩを使った研究にはお金がかかるけどね。

あとは当たり前が当たり前じゃなくなる。ことばって毎日使うじゃない？　独り言を言う時も使うし、家族や友だちや先生としゃべる時も使う。毎日使っているからことばを発音できるのは当たり前に思えてしまうんだけど、改めて「どうやって発音しているんだろう？」って考えると当たり前じゃなくなってしまう。

「か」ってどうやって発音しますか、「゛」を付けた音ってどんな音ですか、付けないとどんな音になりますか、って改めて聞かれるとわかんないでしょう？

だけどみんなは、「か」の時に口をどうやって動しているかとか、「゛」のあるなしによって、のどをどう動かしているかを、気づかないだけで知っているんだよね。そうじゃないとしゃべれないから。発音の仕方を知っているはずなのに、知ってることを知らないのよ。これに気づけることが、ことばの研究の魅力だと思う。

言い方を変えると、「あ、私って普段当たり前のように日本語をしゃべってるけど、しゃべれることってすごいんだな」って思える。ちょっと大げさに言えば自分で「私ってなんてすごいんだろう！」って思える。これは自分を理解するために、すごく大事なことだと思うんだよね。

あとは『鬼滅の刃』や『呪術廻戦』みたいな漫画の表現方法の裏にある秘密を知れるなんていう利点もあります。

レベルアップ1

音声学の世界で使われる音の分類法を紹介します

なぜ「濁点を付けられる文字」と「濁点を付けられない文字」があるのでしょう？　この疑問をとっかかりに、音声学の世界で用いられている分類法について学ぶことができます。

先取りしてお伝えすると、音声学の世界では、音を「有声性・調音法・調音点」という三つの観点から分類します。この分類法を理解すると、自分の発音についての理解が深まります。最近、プロの歌手やアナウンサーたちと交流する機会が増えたのですが、彼ら・彼女らの中には「調音点や調音法の概念をもっと早く知っていたかった」と証言してくださる人も少なくありません。

ただし、この分類法の説明を退屈だと思う人がいるのも事実です。この問題の回避方法は、暗記しようとしないことです。自分で口を動かしながら「なるほど～」と思う程度に理解すれば十分で、細かい用語は、音声学に親しんでいく過程で自然に覚えていけばいいのです。

ただし、声に出さなくてもいいので、説明を読みながら自分の口を動かしてみることは大事です。調音法や調音点に興味が湧いた方は、レベルアップ2でも関連した内容を扱っているため、直接そちらに進んでも構いません。


さて、本題に入りましょう。

まず、授業で説明した通り、「濁点」は「声帯が振動するかしないか」を表しています。音声学では、この違いを「有声性の違い」と表現します。

「だ行」や「が行」などの濁点が付く音は「声帯が振動する有声音」、「た行」や「か行」などの濁点が付かない音は「声帯が振動しない無声音」です。

では、「ま行」や「な行」など「濁点が付けられない音」は声帯が振動しないのかというと、まったく逆で「基本的に声帯が振動するので、濁点を付ける必要がない」のです。バスの終点で降りる乗客がわざわざブザーを鳴らさないのと似ています。降りることが明白なので、ブザーを鳴らさなくても運転手さんは降ろしてくれるのです。


では、濁点が付けられる音と濁点が付けられない音の違いはどこにあるのでしょうか？

答えは「調音法」の違いにあります。音声にはいろいろな種類がありますが、口の中をどのように使って発音するかによって「空気の流れ方」が異なり、これを「調音法」による違いと言います。以降で、子音の調音法について解説していきます。

ただ、子音の調音法を説明する前に、子音と母音を区別するための準備運動をしておきましょう。

日本語に慣れていると、「だ」というのは一つの音で、それ以上分解できないように感じてしまいます。しかし、実際には「だ」は［d］という子音と［a］という母音に分解できます。「だ」を伸ばして「だあああ」と発音すると、いつの間にか母音の「あ」が出てくる、という練習を小学生の時にやった人もいるのではないでしょうか。大雑把に言えば、子音と母音の区別は、ローマ字表記を考えるとわかりやすいでしょう。

さて調音法についてです。「た行」や「か行」の子音部分のように、口の中が完全に閉じる音があります。これらは口が閉じることから「閉鎖音」と呼びます。

また、口が完全に閉じると、発音する時に口の中の気圧が上がり、閉鎖の開放とともに破裂が生じるので「破裂音」とも呼びます。

ラッパーのMummy-Dさんと対談した時に、彼はラップの中に打楽器的な響きをかもし出すために「破裂音」の使い方に気を付けているとおっしゃっていました。まさに音声学の知識が音楽制作の文脈で活かされている好例ですね。

次に、「さ行」の子音部分のように、口の中がとても狭くなって結果として乱流が起こる「摩擦音」という音があります。この「閉鎖音」と「摩擦音」をまとめて「阻害音」と呼びます。空気の流れが強く「阻害」されることからこのような名前が付いています。

阻害音の中には、二枚の声帯（44ページの図）を開いて発音する「無声阻害音」と、声帯を近づけることで振動させる「有声阻害音」が存在します。「有声阻害音」は、日本語の「濁音」に相当します。

まとめると、「濁点が付けられる音＝阻害音」であり、「有声阻害音＝濁音」です。

俵万智さんの短歌に「サ行音　ふるわすように　降る雨の　中遠ざかり　ゆく君の傘」というものがあります。単語の頭に着目すると「さ（ぎょう）」「ふ（るわす）」「ふ（る）」「と（おざかり）」「き（み）」「か（さ）」と、「無声阻害音」が繰り返されています。

このように、似た響きの音を重ねる技術を「頭韻」と呼び、頭韻を駆使した詩歌は俵さんの短歌に限らず多く存在します。百人一首では「ひさかたの　光のどけき　春の日にしづ心なく　花の散るらむ」という歌が無声摩擦音の頭韻を踏んでいます。音声学を学ぶと、詩歌に隠れた響きを客観的に鑑賞することもできるのです。

調音法の話に戻しましょう。「ま行」や「な行」の子音部分は、口の中は完全に閉じますが、鼻から空気が流れるので「鼻音」と言います。鼻をつまみながら、「あかさたなはまやらわ」と発音してみると、鼻音である「な」と「ま」の部分で明らかにおかしくなると思います。

また、「が行」を鼻に抜いて発音する「鼻濁音」も文字通り鼻音です。風邪をひくと、鼻への空気の通り道を塞ぐ弁が腫れてしまいぴったりと閉じなくなるので、全体的に発音が鼻音化し、鼻声になってしまいます。

「ら行」の子音部分は、一瞬だけ口の中が閉じるのですが、その閉じがとても短く、この音を「はじき音」と呼びます。「や行」や「わ行」の子音部分ではそもそも口の中があまり閉じません。この子音を「半母音」と呼びます。

「鼻音」「はじき音」「半母音」は、どの音も空気がよく流れ、口の中で共鳴が起こりやすいことから「共鳴音」と呼ばれています（↓レベルアップ5）。

そして共鳴を起こすためには声帯を振動させる必要があるため、共鳴音は基本的に有声音です。

（左）顔の断面の模式図（提供：Jeff Moore 先生）。（右）MRI 図で確認する調音点。
出典：『音声を教える』国際交流基金 著（ひつじ書房）の付属 CD

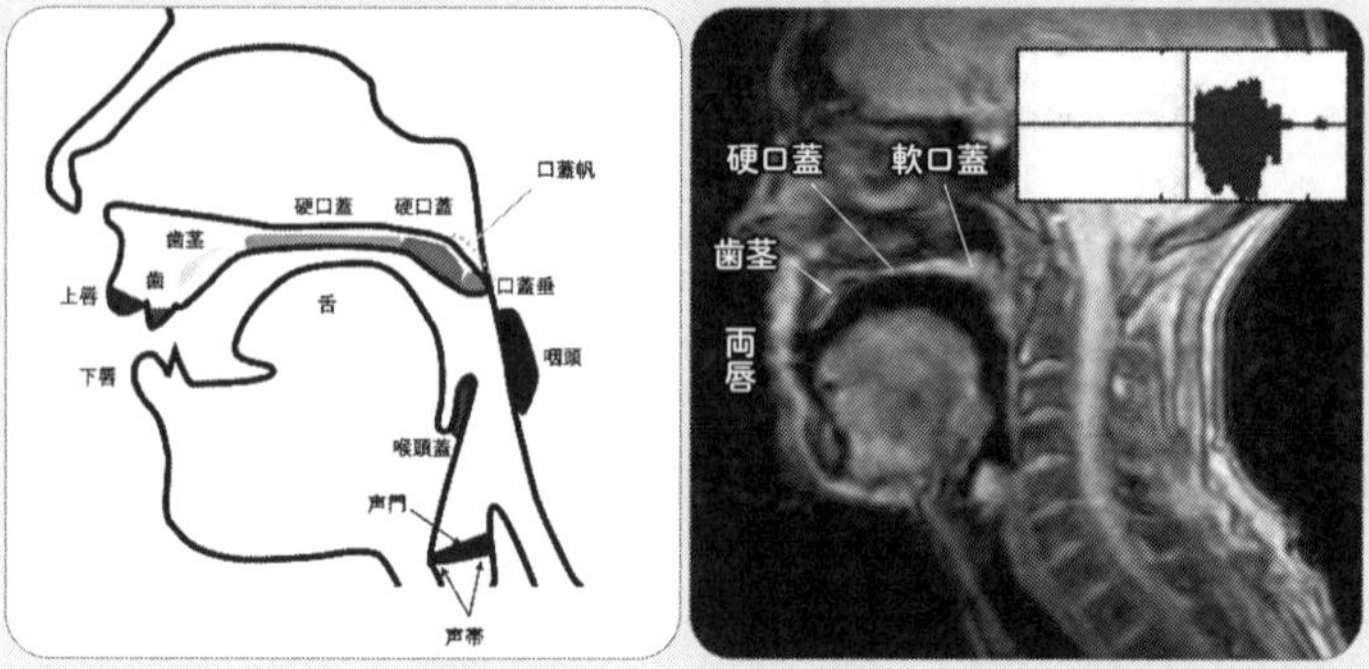

有声性と調音法に加えて、もう一つ重要なのが「口の中のどこで発音するか」です。例えば、「さ行」の子音は舌先を使って上の歯の根元部分（歯茎《しけい》）で口を閉じます。「さ行」の子音である［s］を発音する口の形をして、息を吸い込んでみましょう。冷たく感じられる部分があるはずです。そこが歯茎です。

「か行」の子音は舌の奥を使って口の天井の奥部分（軟口蓋）が閉じます（上図参照）。

「ぱ行」や「ま行」を発音する時は両唇が閉じるので、これらの子音は「両唇音」と呼ばれます。このような違いを「調音点」の違いといいます。上の図を見ながら自分でいろいろと発音して、調音点を確認してみるといい練習になるでしょう。

この「有声性」「調音法」「調音点」の三点セットは、音声学の世界で音を記述する時の標準ツールとなっています。すべての音声学者がこの分類方法に同意しているわけで

IPAの子音表（肺からの呼気で出される音に限る）© International Phonetic Association
縦が調音法、横が調音点。同じセルに二つ記号がある場合、左が無声音で右が有声音。
あみかけ部分は発音不可能と考えられている音、空白部分は未発見の音。

	両唇音	唇歯音	歯音	歯茎音	後部歯茎音	そり舌音	硬口蓋音	軟口蓋音	口蓋垂音	咽頭音	声門音
破裂音	p b			t d		ʈ ɖ	c ɟ	k g	q ɢ		ʔ
鼻音	m	ɱ		n		ɳ	ɲ	ŋ	ɴ		
ふるえ音	ʙ			r					ʀ		
はじき音		ⱱ		ɾ		ɽ					
摩擦音	ɸ β	f v	θ ð	s z	ʃ ʒ	ʂ ʐ	ç ʝ	x ɣ	χ ʁ	ħ ʕ	h ɦ
側面摩擦音				ɬ ɮ							
接近音		ʋ		ɹ		ɻ	j	ɰ			
側面接近音				l		ɭ	ʎ	ʟ			

はありませんが、音声学者には「世界中の言語音を記述する」という共通の目標があります。その目標に向かって力を合わせるためには、共通の分類基準を使ったほうが便利なので、この分類法が広く用いられています。

また音声学では、国際音声記号というものを用います。英語でInternational Phonetic Alphabetと呼び、IPAと略されます。IPAのそれぞれの音は、「有声性」「調音法」「調音点」で定義されていて、IPAがあれば、世界中の言語音をすべて記述できるとされています（上表）。

ただし、まだまだ世界にはその音声特徴が解明されていない言語も少なくなく、もし「新種の音」が発見されれば、新たな記号が追加されることになるでしょう。

せっかくですから、母音に関しても簡単に説明しておきましょう。子音と違って、母音は基本的に声帯が振動しますので、どれも有声です。

子音の調音点に対応するものとして、母音では「舌の前後」が一つの分類基準になります。

例えば、「い」や「え」では舌が前に出て、「あ」「お」「う」では舌が後ろに下がります。この動きは、舌の動きを意識しながら、自分で「お・い・お・い・お・い」と繰り返してみると感じやすいのではないでしょうか。

そして、子音の調音法に対応するのが、「舌の高さ」です。「い」や「う」では舌が上がり、逆に「あ」では舌が下がり、「え」と「お」は中間に位置します。これは「あ・い・あ・い・あ・い」と発音してみると実感しやすいのではと思います。

舌の高さは「口の開き方」で捉えることも可能で、「あ」では口が大きく開き、「い」や「う」では口があまり開きません。

それぞれの母音における舌の位置を単純な図にすると、

母音の発音

口の開き	舌の高さ	舌の前後：前	舌の前後：後
狭	高	い	う
半狭	中	え	お
広	低		あ

右ページの図のようになります。

母音の発音を実感するための自習方法として、棒付きの平べったい飴を舌に乗せていろいろな母音を発音してみるというのがおすすめです。舌の高さや前後によって、飴の棒が動くのが自分で観察できるので、楽しく（そして美味しく）母音の発音について学べます。サポートページに、この実習方法の動画が載せてありますので、よければ参考にしてください。

2時間目

「ぱぴぷぺぽ」にまつわるエトセトラ

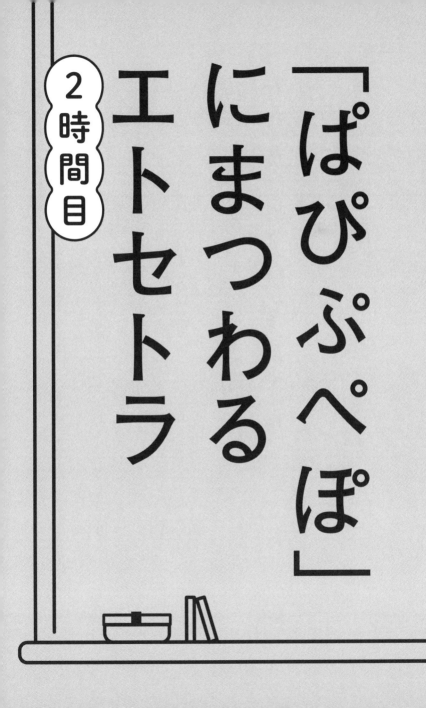

1時間目は「濁点って何だろう？」という疑問について一緒に考えながら、音声学の基礎を子どもたちに体験してもらいました。

2時間目のテーマは半濁音です。実は半濁音を考えるだけでも、日本語の不思議がいろいろと現れてきます。なぜ、「ぱぴぷぺぽ」にだけ「゜」（半濁点）が付くのでしょう？「ぱぴぷぺぽ」ってなんだか独特の響きがありませんか？「日本」は「にほん」とも読めるし「にっぽん」とも読めますが、「にっほん」というのはなんだかおかしな響きがします……なぜでしょう？ 今回は、このような疑問を小学生と一緒に考えていきます。

「ぱぴぷぺぽ」のことばはよく聞くけど、なんで英語のことばが多いのですか？

川原　よし、次はなみの質問だ。「ぱぴぷぺぽのことばはよく聞くけど、なんで英語のことばが多いの？」例えば、パン、ピアノ、プリン、ペン、ポテト」。いい質問だね。これを自分で思いついたということは、素晴らしいと思うよ。自分で例をしっかり考えてくれているのもいいね。

「は」と「ば」ってほとんど同じ？

川原 さっき、「かきくけこ」と「がぎぐげご」って発音した時に、口の中の動かし方はほとんど一緒だって見つけたよね。今度は、「はひふへほ」と「ばびぶべぼ」をやってみようよ。発音してみてどう？ 口の動かし方はほとんど一緒かな？

——全然違う！

川原 全然違うよね？ たぶんMRIを見なくてもわかると思うんだけど、一応持ってきた（次ページの図）。左が「はひふへほ」で、右が「ばびぶべぼ」です。上と下の唇に注目すると、「ばびぶべぼ」の時には何が起こってる？

——毎回くっついてる！

みあ 「ばびぶべぼ」の時は、話す前に必ず一回口を閉じてる。

川原　そうだね。「ばびぶべぼ」の時には口が閉じているけど、「はひふへほ」の時には口は閉じていましたか？

――　閉じてない。

川原　そう、閉じてません。さっき、『゛』が付くと口の中の動かし方はほとんど一緒で、違っているのは声帯が震えるかどうかだけですよ」って言ったけど、「はひふへほ」と「ばびぶべぼ」だけ何かおかしい。わかった？

――　わかった。

川原　じゃあ、「ばびぶべぼ」みたいに両唇を閉じて発音する音って他にはなーんだ？

はるま　「ん」。

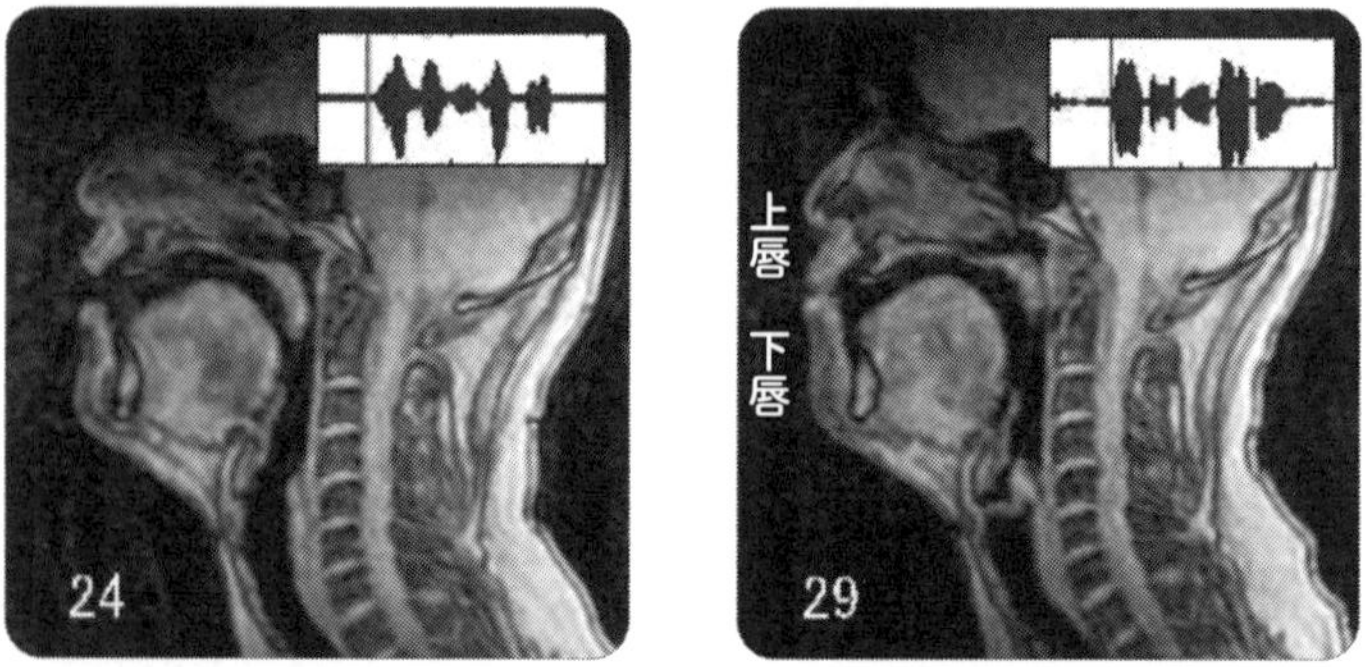

（左）「は」と（右）「ば」を発した時のMRI画像。
出典：『音声を教える』国際交流基金 著（ひつじ書房）の付属CD

川原　「ん」……そうか、「ん」で閉じる人もいるね。それから、「まみむめも」もそうだね。その他にも「ばびぶべぼ」みたいに両唇が閉じる音が、もう一個あるよ。

＊補足＊

大人の読者の方には『ん』では両唇が閉じない」と感じる人が多いかもしれませんが、特に若い世代では、語末の「ん」を［m］のように両唇を閉じて発音する人もいるので、はるまの答えも正解です。この原稿を執筆中、下の娘は四歳ですが、語末の「ん」を［m］のように両唇を閉じて発音しています。

川原　ヒントは、さっきのなみの質問。

――「ぱぴぷぺぽ」だ！

川原　「ぱぴぷぺぽ」は両唇が閉じるよね。で、「ばびぶべぼ」も同じように唇が閉じる音だったじゃない？　「ば」と口の動かし方が一緒で、声帯が震えないのは「ぱ」です。こう考えると、「が」のパートナーが「か」、「だ」のパートナーは「た」、そして「ば」の本当のパートナーは「ぱ」だったと考えたほうが自然なんだ！（次ページの図）

「はひふへほ」は昔「ぱぴぷぺぽ」でした

川原 実際日本語では昔、私たちが今「はひふへほ」と言っているものは、「ぱぴぷぺぽ」だったの。これには、いろいろな証拠があります。
例えばひよこはなんて鳴く？

——ピヨピヨ。

川原 旗《はた》はどうやってはためく？

——パタパタ。

川原 震《ふる》える時はどうやって震える？

——ぷるぷる。

発音する場所	パートナー	濁点あり
舌の奥	か	が
舌先	た	だ
唇	ぱ	ば

川原　光《ひか》ったらどんなことば使う？

――ぴかぴか。

川原　「はひふへほ」の裏には「ぱぴぷぺぽ」が隠れているのがわかるでしょう？　なんで「はひふへほ」と「ぱぴぷぺぽ」にこんなつながりがあるのかというと、「はひふへほ」は、昔「ぱぴぷぺぽ」だったからなの。これは上田萬年という学者が一八九八年に発表した論文の中で報告されています。だから、これがわかったのは約一二〇年前で結構最近なの。

みんなはアイヌの踊りやった？（注：和光小学校では、学校祭などのために伝統的な踊りを教え、その中にアイヌの踊りも含まれる）

――やったよ！

川原　言語学の世界では、アイヌ語も研究されています。アイヌ語を見ると、

「はり」が「ぱち」
「ひかり」が「ぺけれ」
「はかり」が「ぱかり」
「はし」が「ぱしゅい」
「ほね」が「ぽね」
「ふり」が「ぷり」

って言うんだって。これも上田萬年の論文に出ていて、おそらく昔アイヌ語は日本語からこれらの単語を借りたんだね。

昔は「はひふへほ」が「ぱぴぷぺぽ」だったから、これらの単語に入っていた「ぱぴぷぺぽ」が、アイヌ語ではそのまま残った。日本語ではなぜか「ぱぴぷぺぽ」が「はひふへほ」になっちゃったから、こういうことが起こったんだね。

なぞなぞ：母には二度会いたれども、父には一度も会わず

川原 はい、ここで室町時代のなぞなぞです！　今までにお話ししたことを踏まえて、考えてみてください。

「母には二度会いたれども、父には一度も会わず」これなーんだ？

もも 「はは」には「゛」「゜」がどちらも付くけど、「ちち」には「゜」が付かない。

川原 「゜」が付くか付かないかね。ほとんど正解。ただ、ももの答えだと惜しいけど、完全な正解じゃないかも。

確かに今の書き方だと「は」にだけ「゜」が付くんだけど、室町時代に平仮名の「ぱぴぷぺぽ」が広まっていたかは怪しいから、ちょっと違うかもしれない。

――二回、唇が付く！　さっきやったよね。

川原 そう、正解！　「母（はは）」は、昔は「ぱぱ」だったのよ。変な感じがすると思うけど。

――なんか頭がおかしくなってくる～。

川原 ねえ。おもしろいでしょう。母は「ぱぱ」だったから二回会うのは「唇」でした。「ちち」って発音しても唇は出会わないものね。

ここでなみの質問に戻りましょう。「ぱぴぷぺぽのことばはよく聞くけど、なんで英語のことばが多いの？　例えば、パン、ピアノ、プリン、ペン、ポテト」。なんででしょう？　日本語の「ぱぴぷぺぽ」はどうなっちゃったんだっけ。

――「はひふへほ」になった。

川原　「はひふへほ」になってなくなっちゃったんだね。だけど、英語から……。

――外国では使われていたから、外国のものには「ぱぴぷぺぽ」を使う。

川原　ほぼ正解！　はい、みあ。

みあ　さっきの答えとちょっと似ているんだけど、「ぱぴぷぺぽ」はもともと英語にあったんだけど、日本語からは「ぱぴぷぺぽ」がなくなった。でも、英語は「ぱぴぷぺぽ」があったから……？

川原　そうそう。英語からことばを借りたんだよね。「ピアノ」「プリン」「ペン」「ポテト」とかはもともと日本になかったから、ことばも一緒に借りてきた。借りた時に「ぱぴぷぺぽ」が戻ってきたの。もともとあった「ぱぴぷぺぽ」は全部いなくなっちゃって、新しく英語から借りてきた単語だけに「ぱぴぷぺぽ」が使われるようになった。わかった？

なぜ「ぱ行」だけに「゜」が付くんですか？

川原　次は、ももの質問。「なぜ『ぱぴぷぺぽ』だけ『゜』が付くんですか」。昔は「ぱぴぷぺぽ」の音がなかった。だから平仮名で「ぱぴぷぺぽ」を表す必要がなかったんだね。

だけど、英語とかからいろいろな単語を借りてきました。そうしたら、「ぱぴぷぺぽ」の文字が新しく必要になりました。だから新しく文字を用意したのね。

もも　それで「゜」をつくった！

川原　そうそう、ばっちり正解。

＊補足＊

これは少し簡略化した説明です。「ぱ行」は一度日本語からなくなってしまったのですが、次で述べるとおり、「っ」の後などでは残りました（81ページ）。また、前にも触れたように、オノマトペでも「ぱ行」は残っています。ですから「ぱ行」が完全に日本語からなくなったわけではありません。

一七世紀頃、日本を訪れたポルトガルの宣教師によって、日本語の文法書が執筆されました。それまでは「は行」と「ぱ行」の区別は、日本人にとっては文脈から推測できるものだったので、文字に表す必要はなかったようです。しかし、外国人にとっては、「は行」と「ぱ行」の区別が明らかではなかったのでしょう。そこで、「は行」の音と「ぱ行」の音を区別するために、半濁点が使われるようになったのだと考えられています。

このような歴史を考えると、半濁点が使われだしたのは、英語からの借用語ではなく、「パン」などのポルトガル語からの借用語がはじめかもしれません。ただ、英語とポルトガル語の違いや、細かい歴史的な背景は小学生には理解しづらいと思い、前記のように簡略化して説明しています。

よくおかしの商品名に「パ」とか「ピ」が付けられているけどなんで？

川原　じゃあ、次の質問。「よくおかしの商品名にパとかピが付けられているけどなんで？」。わこ、素晴らしい質問だね。わこがあげてくれた例は「パピコ」「パイの実」「チョコパイ」「アポロ」「ポイフル」ですね。

そら　それは外国の商品だから！

川原　そう。もうほぼ正解だと思う。さっき説明したけど、日本語は歴史的に「ぱ行」を一度失っちゃったわけだから、「ぱ行」って日本人にとって完全には日本語の音じゃないわけだね。
でも近代になって、外国語を借りてきた時に「ぱ行」が復活して、「パン」とか「パイナップル」っていう単語の中では出てくるようになったんだね。逆にいうと、「ぱ行」は最近になって借りてきた外来語の中にしか出てこない。
こういう歴史があるから、「ぱ行」って、それ自体で外国語っぽい響きがあると考えられる。日本人が「ぱ行」の音を聞くと、それだけで「外国っぽい」って連想すると言ってもいいかもね。この連想がおかしの名付けに活かされているんじゃないかな？

「パピコ」も「パイの実」も「チョコパイ」も「アポロ」も「ポイフル」も和菓子じゃないでしょう？　和菓子の名前が「ポイフル」だったらすごく嫌じゃない？「ポイフル」って名前を聞いた時点で、あんこは入ってない気がするじゃない？
まあ、どれも外国からきた洋菓子だよね。だから、「パピコ」とか「アポロ」とかの商品の名前を付ける時に、「外国っぽさ」を出したかったんだと思う。そのためには、外国語っぽい響きを持っている「ぱぴぷぺぽ」がピッタリだって開発者が思ったんじゃないかな。

もしかしたら、他にも理由があるかもしれない。というのも、「ぱ行」は「外国語っぽい」響きだけでなく、「かわいらしい」みたいな意味も喚起することがわかっています（→レベルアップ5）。
例えば、AKB48の島崎遥香さんの愛称「ぱるる」とか、中山美穂さんの愛称「みぽりん」とか、芸能人の愛称に「ぱ行」が使われることがある。この背後には、「ぱ行＝かわいい」っていう響きが関係しているのかもしれない。かわいいあだ名をつくる時に「ぴー」「ぽん」「ぱん」とかを使うことも納得だよね。それに、例えば「あゆみ」さんという女性が自分のことを「あゆぴめ」と呼ぶような「ぴめ呼び」という現象もあるんだって。

「ぱ行」をおかしの名前に使うことで、こういう「かわいらしさ」っていう感覚も盛り込んでいるのかもね。

さらに言うと、「ぱ行」って赤ちゃんが発音しやすい音でもあるんだ。それが理由でか、プリキュアの名前に多く出てくる、なんていう事実もある（→4時間目）。子どもが食べるおかしの名前に、赤ちゃんが発音しやすい音を入れるっていうのも理にかなっていると思うんだけど、どうかな。

ちなみに、おかしの名前に「ぱ行」が多いというのは、慶應大学の学生が発見して、私が二〇一七年に出版した本で紹介したんだけど、その前は誰も気づいてなかったと思う。

でも、「なぜおかしの名前に『ぱぴぷぺぽ』が多いの？」っていう質問が小学生から来るってことはさ、みんなもことばに関する新発見ができるってことだよね。ことばには、まだまだ発見されてない事実がたくさんあるんだよ。だから、誰でも新発見ができる。これは、ことばを研究する魅力の一つだと思う。

＊補足＊

日本語の「ぱ行」に関してはまだまだ謎が残っています。なぜ日本語は「ぱ行」を一度失ったのでしょうか？　なぜ「ぱ行」はオノマトペでは残ったのでしょうか？　これらの疑問に答えることも音声学者の重要な仕事です。

少し専門的で上級編になりすぎてしまうかもしれませんが、私なりの仮説を紹介します。まず［p］を失った理由はいくつか考えられます。一つは、空気力学をしっかり学ぶと見えてくることで、［p］を発音する時に声帯振動を止めることが意外に難しいのです。結果として、［p］がまるで［b］のように声帯が振動して発音されてしまうことがあります。また、他の要因もかさなって［p］と［b］が知覚的に混同しやすいことも指摘されています。このような理由から、昔の日本語では［p］が嫌われたのかもしれません。

世界中の言語を見渡すと、アラビア語やボツワナで話されているコン語、エチオピアで話されているアファル語のように、［p］を持たない言語は多数存在するので、日本語だけが特殊だったわけではありません。世界のいたるところに［p］がない言語が存在するのですから、［p］が嫌われる音声学的な理由が存在すると考えるほうが理にかなっています。

しかし、オノマトペには［p］が残りました。5時間目やレベルアップ6でじっくり解説しますが、どうやら人間には「こういう意味は、こういう音で表したい」という欲求があると言えます。

例えば、濁音を解説した時に、小学生たちは「力強い」とか「硬い」という感覚があることを指摘してくれました（38ページの表）。逆を返せば、「力強い」ことを表すためには濁音を使うのが有効だと言えそうです（↓5時間目）。そこで［p］には「かわいらしい」など独特の意味があることを思いだしましょう。そして、擬音語や擬態語といったオノマトペでは、普通の語彙に比べて、意味をより直接的に音で表します。これらを考慮に入れると、オノマトペで特定の意味を表すためには、［p］という音が必要だったのかもしれません。まとめると、「ある意味を［p］で表したい」という欲求が「［p］は［b］と紛らわしいから使いたくない」という欲求に勝ったとも考えられます。

日本は「にほん」と呼べばいいの？「にっぽん」と呼べばいいの？

川原　はい、「ぱぴぷぺぽ」に関する最後の質問は、みとから。「日本は、『にほん』と呼べばいいの？『にっぽん』と呼べばいいの？」。
つまんない答えは、「どっちでもいい」です。これも正解ではありません。でもおもしろい謎もちゃんと潜んでいるんだ。
「にほん」も「にっぽん」もあるけど、「にっほん」ってある？

——ない。

川原 ないよね。研究者ってね、「これとこれは実際にあるんだけど、これはない。じゃあ、なんでないんだろう」って考える力がけっこう大事なの。「にほん」もある、「にっぽん」もある、でも「にっほん」はない、なんでだろうってね。
じゃあ、いくつか例を持ってきたから、みんなで読んでみよう。

——二本（にほん）と一本（いっぽん）
——二匹（にひき）と一匹（いっぴき）
——公表（こうひょう）と発表（はっぴょう）
——後発（こうはつ）と出発（しゅっぱつ）

川原　あと、葉（は）と葉っぱ（はっぱ）もおもしろい例だと思う。はい、何が見えてきましたか、じゅり。

じゅり　「゜」が付くことばには、前にちっちゃい「っ」が付く。

川原　そう！　本（ほん）、匹（ひき）、表（ひょう）、発（はつ）みたいな単語は、「っ」が前に付くと「゜」が付いちゃうの。
日本語には、「っ」の後では「ぱ」が出てきて、そうじゃなかったら「は」になるというルールがありそうだね。
ちょっと難しいことばになっちゃうけど、これを音韻変化《おんいんへんか》と言います。でも、これは普通の人は知らないから、家に帰って、「今日は音韻変化について学んできたんだ」って言っても、おうちの人にポカンとされるから覚えなくていいからね。ただ「音」は出てくる場所によって姿が変わることがありますっていうことを伝えたかったの。

カルタで「感じがいい人」ってどんな人？

川原 じゃあ、最後に『ちはやふる』を好きな人とか、カルタをやる人いる？ あ、いるね。カルタってこの音で始まったらこの札に決まるとか、これとこれで始まったらこの札に決まるっていうのがあるの。そういう札をいかに早く取れるかが勝負らしいです。

それで、カルタをやる人の中には「感じがいい」人がいるんだって。で、『ちはやふる』の主人公の千早は感じがいいのね。具体的には、下の漫画のシーンみたいなことなんですよ。

「し」で始まる札は「しらつゆに～」と「しのぶれど～」の二枚ある。だから本当は「しら」か「しの」まで読んでからじゃないと、どの札を取っていいのかわからないはず。なのに、千早は「し」で取っちゃう。千早は、「し」の次に「ら」が来るのか「の」が来るのか、耳で聞いてわかっちゃうんだね。そういう人が漫画だけじゃなくて現実の世界にもいるんだって。

出典：『ちはやふる』末次由紀 著（講談社）１巻

これは、さっき話した音韻変化が関わっているんだと思う。さっきの例は『っ』が前に付くと次の『は』に『゜』が付く」みたいに、文字に現れるからわかりやすかったけど、こっちはちょっとわかりにくいかもしれない。

でも、この「しらつゆ」の「ら」や、「しのぶれど」の「の」が前の「し」に……。

――影響する！

川原 そう、影響するのよ。いいことば使ったね！　だから、「し」の時にもう「ら」の気配が聞こえていて、その気配を聞いて札が取れるってことなんだね。ほら、音声学がわかると『ちはやふる』もよくわかるんだよ。

レベルアップ2

五〇音表に潜む法則性を探る

わ　ら　や　ま　は　な　た　さ　か

現代の日本語の「はひふへほ」が昔は「ぱぴぷぺぽ」であったということは、オノマトペにその名残が残っていたり、アイヌ語に借用された単語に残っていたりといろいろな証拠があります。

この事実に関して、レベルアップ1で紹介した「調音点」と「調音法」の観点から五〇音表を眺めてみると、また新たなおもしろい発見がありますので、ここで解説したいと思います。

まず、上のように五〇音表の横の並びを考えましょう（ここでは後ろから順に提示しています）。

レベルアップ1でお話しした「調音法」をもとにこの並びを考えると、「わらや」は比較的空気が滑らかに流れる音です。「わ」と「や」は「半母音」で、「ら」は「はじき音」でした。音声学では、これらの音をまとめて「接近音」と表現することがあります。

空気の流れる度合いを考えると、「わらや」と「まはなたさか」の間に切れ目があると考えられます（上図）。

（「ま」や「な」も接近音と同じように、空気が滑らかに流れるのでは？　と思った人は鋭いです。確かにその通りなのですが、鼻音を発音する時には、口の中は完全に閉じるので、鼻音は接近音よりも空気の流れ度合いが低いのです）

調音法で分ける

接近音			非接近音					
わ	ら	や	ま	は	な	た	さ	か

次に「わらや」の「調音点」に注目してみましょう。

「わ」は両唇が丸まると思います。次に「ら」は舌先が上の歯の根元部分に当たります。最後に「ら・や・ら・や・ら・や」と繰り返して発音してみると、「や」は「ら」よりも少し口の奥のほうで、舌の胴体を使って発音されるのが感じられるでしょう。

つまり、調音点の観点からは「わらや」は、調音点に従って、口の前から後に移動する順番に並んでいるのがわかります（次ページの図）。

では、残りの「まはなたさか」の部分はどうでしょうか。

「なたさ」の部分に注目すると、どの音も舌先が歯茎に当たることがわかると思います。つまり「なたさ」は、調音点の観点から一つのかたまりと考えられます。そして、授業でも触れましたが、「か」は舌の奥で口の後ろが閉じます。「ま」は両唇が閉じますね。すると、「は」を除くと、「わらや」と同じく、「まはなたさか」の部分も調音点に従って、口の前から後の順番に並んでいるのがわかります。

調音点で並べる

前 ←→		後
唇	舌先	舌の胴体
わ	ら	や

ここで、「『は』が仲間はずれだ！」と感じられたら、しめたものです。「は」は唇を閉じて発音する音ではありませんから、この並び方で「ま」の隣にいるのはおかしい気がします。

しかし、「は」＝「ぱ」であったことを思いだすと、とてもすっきりしますね。「ぱ」は唇が閉じますから、「ま」と同じグループに属するのです（左ページの図）。

五〇音表は、まず調音法の観点から「接近音」と「非接近音」の二つのグループに区切られていて、それぞれのグループの中で調音点に従って、前から後ろの順に並んでいるのです。普段、何気なく使っている五〇音表にこのような法則性が潜んでいると知ると、驚

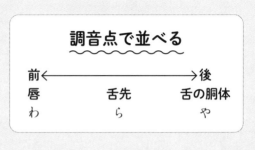

きませんか？

これは偶然ではありません。五〇音表の起源は、紀元前五〇〇年頃まで遡ります。

パーニニという学者によるサンスクリット語を詳細に分析した文献が残っており、その分析は、現代の音声学分析と比べても遜色のないもので、現代の言語理論に大きな影響を与えています。この時代にすでに、現代の音声分析でも用いられている調音点や調音法という概念が発見されていたのですから、驚きです。

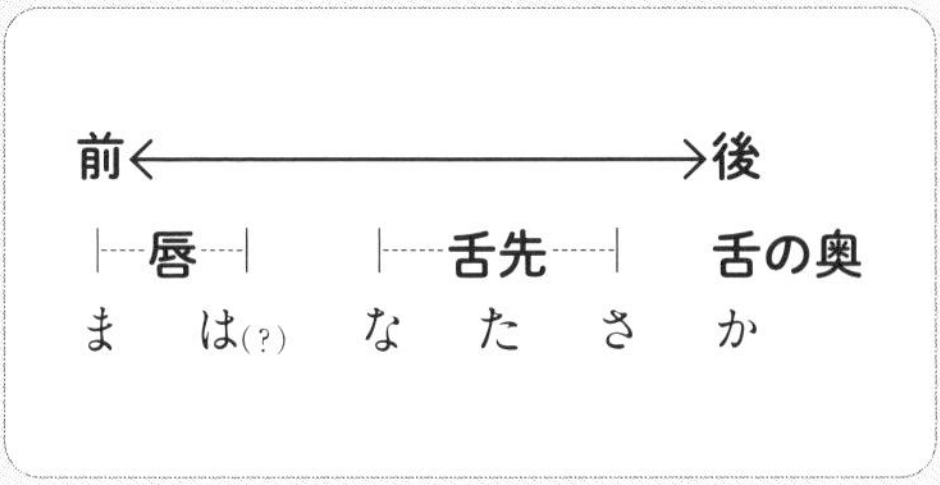

このパーニニの研究は、悉曇学《しったんがく》と呼ばれる梵字研究を経由して、仏教の輸入とともに日本に伝わり、これが五〇音表のもとになったという説があります。つまり、五〇音表の起源はパーニニであり、パーニニの音声学的な洞察力があったからこそ、五〇音表は規則的に並んでいるのです。

また、この説が正しければ、五〇音表が成立した頃、日本語の「は」は「ぱ」であった、ということのさらなる証拠として考えることもできます。

3時間目

子どもの言い間違いを愛でる

これまで濁音と半濁音という切り口から、日本語の発音について子どもたちと一緒にあれこれ考えてきました。

3時間目は、今までの議論を踏まえて、子どもの「言い間違い」についてお話ししていくことにします。

大人の目線から考えると、子どもの「言い間違い」は、単なる「間違い」と思われがちですが、言語学の観点から考えると、そうでもなさそうです。これはどういう意味なのか？ 小学生とともに探っていきます。

「にぴき」「ごぴき」はなんで間違いなんですか？

川原 復習になるけど、日本語は「っ」の後は「ぱ」が来て、それ以外では「は」になるっていうルールがあるんだったたんだね。

さっき言い忘れたんけど、こんぺいとうって好き？ これってもともとポルトガル語の「コンフェイト」から来ているんだって。でも日本語では、「ん」の後は「は行」や「ファフェフォ」がみんな「ぱ行」になるから、「フェ」が「ペ」になったんだろうね。

じゃあ次の話題。このルールに関して、ちょっとおもしろい話があるから、紹介させて。

下の写真は川原家の冷蔵庫に貼ってあるメモで、娘たちがおもしろい発音をしたら書き留めるようにしています。ここには、うちの上の娘が「いっぴき」「にぴき」と言っていたことが妻によって記録されています。娘がもうすぐ四歳になるかなーっていう時だね。

「いっぴき、にぴき、さんぴき、ごっぴき」って書いてあるね。

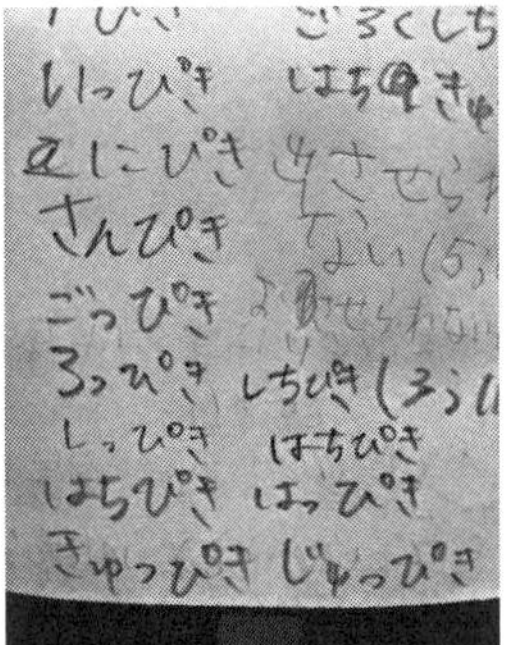

川原家の冷蔵庫に貼ってあるメモ。子どもの言い間違いを記録している。

—— よんぴきは？

川原 よんぴき？　四匹は「しっぴき」って言ってた。「ごっぴき」「ろっぴき」「しちぴき」「はちぴき」「きゅっぴき」「じゅっぴき」。「はちぴき」もかわいいよね。

で、「にぴき」はなんだか変だなという感じがするでしょう？

――にぴき。

川原「にぴき」って言う？

――にひきって言う。

川原 そうだよね。「いっぴき」と「にひき」からわかるように、日本語には、「っ」が付いたら「ぱ」になるけど、そうじゃなかったら「は」にしてくださいっていうルールがある。みんなはこのルールを知っているんだ。知っているから「にぴき」がおかしいな、と思えるわけだね。

――でも子どもはちっちゃいから、そんなルールがあるとかわからないよね。

――わかんないからっておかしいとは思わないよ。

――聞いているうちにわかってくるよ。

川原 そう！　みんなはもう日本語が話せるから当たり前かもしれないけど、赤ちゃんにしてみれば当たり前じゃないの。だからこういう間違いをする。

だけど、間違いをしてくれるから逆に、日本語では「ぴ」と「ひ」とか、「ぱ」と「は」の間にはこういう関係があるんだって浮かびあがってくるんだよね。

つまり、日本語を学ぶためには、日本語の単語を覚えるだけじゃなくて、こういうルールも身につけなきゃいけないことがわかってくるね。

＊補足＊

授業では扱いませんでしたが、「さんぴき」は、なぜおかしいのでしょう？「さんひき」もありそうですが「さんびき」とも言いますね。日本語には本文中で触れたルールの他にもたくさんルールがあるようです。読者のみなさんも自分なりに考えてみるとおもしろいかもしれません。

ヒント：「食べる」の過去形は「食べた」ですが、「噛む」の過去形は「噛んだ」です。

また、「しっぴき」もおもしろい例です。普段は「いち・に・さん・しっ」と数えるわけですから、「しっ」に「ぴき」を付けて「しっぴき」にしてもよさそうなものです。

しかし、大人の話し方では、なぜか「ひき」に付ける時は「よん」を使うと決まっています。ちなみに、本書を執筆中、四歳になった下の娘が、「うちはしにんだねー」と言い出したのでびっくりしました。「よにん（四人）」を「しにん」と言ったのですね。娘は「よんこ（四個）」のことも「しっこ」と呼びます。

大人の言語では、単語と単語をくっつける時に、意味は同じでも特定の単語しか使えないことがあります。「し」も「よん」も同じ意味なのに、なぜか「よん」だけしか使えない時があるのです。
しかし、「し」を使ってはいけないという原理的な理由はありませんから、子どもが「しっぴき」や「しにん」と言うのもおかしなことではありません。しかし、こういった語の選び方なども、日本語を学ぶうえで自然と覚えていくものなのですね。

わたしは「どなべ」を「どばべ」って言ってたそうです。なんで？

川原 同じような質問をみとがしてくれた。みと、これはお母さんが言ってたの？　自分で覚えてるの？

みと ううん、覚えてない。

川原 じゃあお母さんが言ってくれたのかな。みとはポップコーンのことを「コッグポーン」、土鍋を「どばべ」って言ってたらしいです。

じゃあ、「どばべ」のほうがわかりやすいから、「どばべ」から考えてみようか。「どばべ」って何が起こったんだと思う？

――「ど」は合ってるよ。

――「な」が「ば」になってる！

川原 「べ」ってどうやって発音するんだっけ？「ばびぶべぼ」って。

――一回口を閉じる。

川原 そう、一回両唇を閉じるんだよね。「どなべ」の「べ」で唇を閉じるんだけど、その一個前の「な」でも唇を閉じちゃったんだね。

みとが「どばべ」って言ってた時、「私、最後の『べ』の音で唇を閉じよう」って思ってたんじゃないかな。そうしたら、ちょっと早めに前の音でも唇を閉じちゃって、「な」のところで「ば」の音が出ちゃったんだね。

＊補足＊

この説明は実は不完全です。「どなべ」の「べ」の唇を閉じる動作だけが、「な」にコピーされたのであれば、「どまべ」になるはずです。

ですから、もう少し正確に言うと、「どなべ［donabe］」の「べ」の子音部分である［b］が、前の子音にコピーされて「どばべ［dobabe］」になったのです。ローマ字を習っていない生徒もいるので、授業では簡略化して説明しました。

川原　「ポップコーン」が「コッグポーン」になるのはね、もうちょっと複雑だけどおもしろい。

そら　「ポ」と「コ」が反対になってるね。

川原　いいね！　そらが言ってくれたことの補足なんだけど、「ポップコーン」って発音した時、「ポ」と「プ」は何を使って発音する？

——唇！

川原　じゃあ「コ」は？

——唇を閉じない！

川原 唇は閉じないね。授業の初めのほうでやったように、「コ」は舌の奥で口の後ろのほうを閉じてたね（40ページの図）。これをわかりやすくするために板書してみよう（下図）。「ポップコーン」は、「唇、唇、舌の奥」の順番だね。

——「コッグポーン」は逆にしちゃったと思う。

川原 逆にしちゃったから、「舌の奥、舌の奥、唇」になって、「コッグポーン」になったんだね。

プチ子育てあるある

川原 「コッグポーン」は発音する場所がひっくり返っちゃった例だよね。このひっくり返すのは、ほんとに子どもがよくやるのよ。

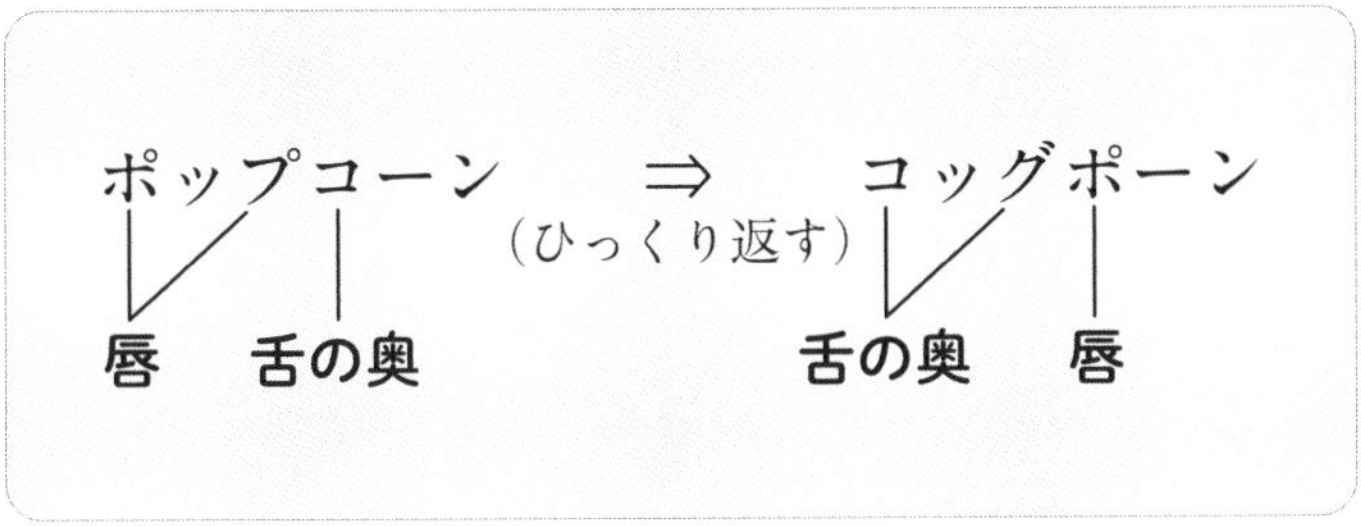

うちの下の娘が二歳になる前くらいに言っていたのは、「あるく」が「あくる」、「あったかい」が「あっかたい」、「クリーミー」が「クミリー」、「くるま」が「くまら」。それと、たぶんみんな「テレビ」を「テベリ」って言ってた時代があると思うよ。

――ある！　お母さんがそう言ってた。

川原　ね！　「テベリ」、これはけっこう子育てあるあるなの。あと「とうもろこし」が「とうもころし」、「おたまじゃくし」が「おじゃまたくし」も有名。これは『となりのトトロ』のメイも言ってたね。

あとは、「ピカチュウ」が「カプチュウ」、「おさかな」が「おかさな」。うちの妻も私も子どもの言い間違いが大好きだから、川原家では「おさかな」って言わないで「おかさな」って言い続けています。あと、「おむつ」を「おちむ」、「おみそしる」を「おしみる」って呼んでます。

言い間違いは間違いじゃない

川原　こういう、子ども独自の発音を大人たちは「言い間違い」って言ってしまいがちなんだけど、私はあんまり「間違い」って考えたくないんです。

なんでかというと、大人も似たようなことをやるから。

ローマ字を習ってない人もいるから、「どばべ」の例は飛ばして、ひっくり返った「コッグポーン」を例に話をしようかな。

＊補足＊

授業ではローマ字の理解なしでは説明が不可能だと思い、飛ばしましたので、ここで補足します。ただし、ローマ字を勉強していない小学生の読者さんは飛ばしてくださいね。

さて、「どばべ」は「べ」の子音である［b］が前の音にコピーされた例でした。大人も似たようなことをやる、というのは次の例がわかりやすいでしょう。

「日」という単語は単独では［nichi］と発音されます（［ch］は正確な発音記号ではありませんが、ここでは簡略化します）。では「日」にいろいろな単語をくっつけてみましょう。

日本［nippon］　日当［nittou］　日経［nikkei］
日産［nissan］　日清［nisshin］

［nichi］に単語をくっつけると、［i］が落ちることがあります。結果として、［ch］の子音は、次の子音と同じ子音に変化します。

これは［donabe］が［dobabe］に変化したことに非常に似ています。「どばべ」の例では、母音が落ちずに母音を超えて子音がコピーされたという違いがありますが。

川原 じゃあ「ひっくり返る」現象を考えてみよう。大人もこれをやるんだ。例えば、「あたらしい」って単語あるよね。でも、「あらたな」って言うじゃない？「あたらしい」って、昔は「あらたしい」だったの。だけど「ら」と「た」がひっくり返って「あたらしい」になっちゃったの。
他の例だと、山茶花《サザンカ》。

——サザンカって何？

川原 サザンカは知らないかな？　サザンカという名前の花があって、漢字では山茶花って書くの。漢字を見ると「サンザカ」って読めるでしょ？　それが「サザンカ」になったの。
こっちは知っているでしょう、秋葉原。漢字を読むと「あきばはら」じゃない？

——ほんとだー！

川原　これも「ば」と「は」がひっくり返って「あきはばら」になっちゃったの。「雰囲気」も「ふんいき」だか「ふぃんき」だかわからなくなったりするよね。大人だってひっくり返して発音することもあるんだから、子どもがひっくり返しても「かわいいな」って見守ればいいのよ。川原家は夫婦そろってそう思っています。

はるま　そうやって間違いをほっておいたら、子どもが勝手に変換して本当のことをしゃべることもあるの？

川原　それがあるのよ。どこから覚えてくるんだかね。例えば、うちでは「おさかな」を「おかさな」って呼んでたんだけどさ、最近では下の子も「おかさなじゃないよ、おさかなだよ」って言うのよ。言い間違いが大好きな夫婦としては、そんなこと言われると悲しくなっちゃう（笑）。幼稚園で教わってくるのかもしれないね。こういった言い間違いは、いつの間にか、直っちゃう場合がほとんどです。

レベルアップ3

子どもの言語習得能力を信頼しよう

今回の授業でお話しした、「子どもの言い間違い」は「間違い」ではないという主張は、前著『音声学者、娘とことばの不思議に飛び込む』の中でじっくりと展開しました。

簡単に論点をまとめると、まず、子どもの言い間違いを音声学的な観点から分析すると規則性が見えてくるということ。そして、その規則性は大人の言語でも観察されるということです。

これらを考えると、子どもたちはデタラメに自分たちのことばをでっちあげているわけではないことがわかります。

実は、この主張は私が考えたものではなく、現代言語学の根本的な知見の一つなのです。私は言語習得を専門に研究していたわけではないのですが、自分が子育てに参加する中で、娘たちが言語を習得する過程を目の当たりにして、言語習得の問題に向き合ってみたくなりました。

その思わぬ収穫として、自分の仕事に対する価値観までもが変わったのです。と言うのも、前著を書くまでは、「子育てと仕事は両立できる」程度に思っていました。

しかし、自分の娘たちの言語習得に向き合い、一冊の本を書きあげたことで「両立どころか、子育てにしっかりと参加したからこそ、自分の研究の裾野が広がったのだ」と思うようにすらなりました。子育てに参加していなければ、現在の研究の方向性はだいぶ違ったものになっていたでしょう。

英語	オランダ語
dog → **g**og	**b**et → **d**et
bug → **g**ug	bro**t** → bo**p**

さて、この言語習得に関する研究によって、多くの言語で、子どもたちが音を獲得する過程が記述され、子どもたちが発する一見「間違い」にも思える発話の中にも法則性があることが指摘されてきました。

例えば、英語やオランダ語では上のような例が報告されています。

英語の例では、どちらも最後の子音が語頭にコピーされていますね。

オランダ語の上の例では、[t]の調音点（↓レベルアップ1）である「歯茎性」が語頭の子音[b]にコピーされて、歯茎音の[d]に変化しています。下の例では、[r]が落っこちて、さらに語頭の［b］の「両唇音性」が語末の［t］にコピーされて、［p］に変化しています。

これらの例は授業でも出てきた「どなべ［donabe］」が「どばべ［dobabe］」になることとほぼ同じ現象だと考えられます。「べ」の子音［b］が、前の子音部分にコピーされているのでしたね。

現代言語学の根底には、人間の言語獲得能力に対する絶対的な信頼があります。特定の障害がない限り、人間という種族は言語を身につけることができ、その言語知識はとても豊かなものです。

これはレベルアップ0で解説した「にせだぬきじる」の話を通じて伝えたかったことでもあります。私の妻も言語学者ですから、娘たちの成長とともに言語能力がしっかりと育っていくことを知っており、小さい時の言い間違いを無理に直そうとせず、大事に見守るという方針が取れました。

子育て中のお父さん・お母さんと話していると、自分の子どもたちの「言い間違い」を心配している方も少なくないようです。しかし、我々の私見も混じっていますが、言語学の観点からは、子どもが大人と違う発音をするからといって、心配する必要はあまりないと思います。

乳幼児（左）と大人（右）の声道の形の違い。Vorperian et al.（1999）より編集して転載。

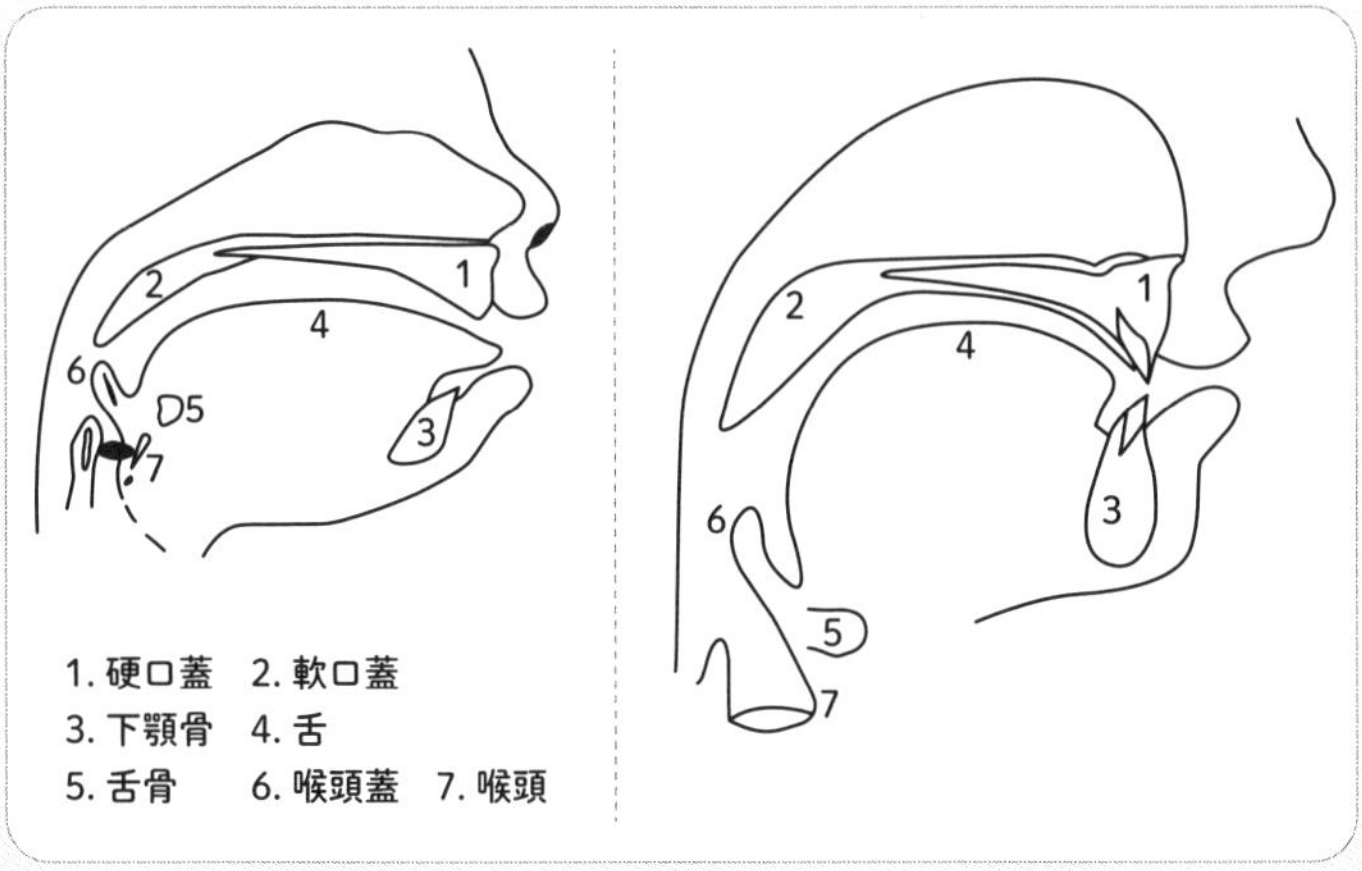

一つ目の理由は、何度か繰り返していますが、子どもの「言い間違い」は、規則的であることが多いからです。もう一つの理由は、幼児と大人ではそもそも声道の構造が違っているので、大人と違う発音になるのはある意味当たり前のことだからです。

上の図は、乳幼児と大人の声道の形を比べたもので、これを見ると口腔のカーブの仕方や舌の大きさが異なることがわかります。声道の構造が大人のものに近づくにしたがって、言語能力も発達していきます。

ですから、子どものかわいい言い間違いは、無理に直そうとせず、そのかわいさを堪能すればいいのです。ただし、あまりに言い間違いが長く続くようであれば、言語障害という可能性もまったくないわけではありません。

その場合は、言語聴覚士に相談してみるのも一つの選択肢ではあります。言語聴覚士はいわば「ことばのお医者さん」で、資格を取るためには言語学や音声学の勉強が必須となります。言語聴覚士は専門知識を持ったプロですから、きっと的確なアドバイスをしてくれるでしょう。

本書執筆時の最近の川原家では、どちらの娘もほとんど「言い間違い」はなくなってしまいました（最近、下の娘が「有機いりごま」と聞いて「それって勇気が入ってるから食べると元気が出るの？」というかわいい勘違いは披露してくれましたが）。

そんな川原家ですが、娘たちの言語能力をしっかり伸ばしてあげたい、という点では夫婦の間の意見が一致しています。ことばというのは、すべての学びの基礎になるものですからね。前に述べたように、我々夫婦は人間の言語能力に絶対的な信頼感を持っています。これは喩えれば、人間は「言語の種」を持って生まれてくると信じているわけです。

しかし、きれいな花が咲き実を結ぶために太陽光と水が必要なように、日本語の能力の花を咲かせるためには、日本語の養分を与えることも大事だと思っています。

ですから、本書で取りあげたような小学生からもらった質問を、娘たちにはことあるごとに投げかけるようにしています。レベルアップ０で扱った「にせたぬきじる」と「にせだぬきじる」のような微妙な表現の差を考えさせることもしばしばです。

例えば、ある日給食のメニューに「和風スープパスタ」と書かれていたので、その日食べたものは「和風」の「スープパスタ」だったのか、「和風スープ」の「パスタ」だったのか、真剣に考えさせました。彼女なりに悩んだ結果、「パスタは和風じゃなかったから、和風スープのパスタ！」と自分なりの答えを出したので、言語学者夫婦はとても喜びました。

日本語の表現力をじっくり味わって、それを自分自身でも駆使できるように育ててあげる。言語学者夫婦はそのことを大事にしています。

昼休み

「わかった？」って聞いちゃダメ

小菅先生（川原の中学年の担任） 今までの授業もすごくいいんだけど、小学生に「わかった？」って聞いちゃダメ。「わかった？」って聞かれたら、小学生は「わかった」としか思えなくなる。だから「わかった？」っていうのは禁句の一つ。

三苫先生（川原の幼稚園の担任） そうねぇ。それはそう。

川原 全然意識してなかったです。じゃあどうすれば？

小菅先生 いろいろあると思うよ。「質問ある？」でもだいぶ違うと思う。それから、「どれくらいわかった？」って聞いてもいいと思う。
あとは、長丁場だから、授業を聞いてるだけじゃ小学生は飽きちゃう。何か子ども同士で作業をさせてみるといいと思う。となりの子どもと話し合うみたいな簡単なことでもいいから。

川原 わかりました。ちょっと事前の計画からずれますが、プリキュアの名前研究を紹介しながら自分の名前の分析に挑戦してもらいます！

＊補足＊

正直、このアドバイスは衝撃的でした。私は大学の授業でも質問がないかを常に確認するようにしていましたが、特に大人数のクラスでは、今一つ議論に巻き込めていない感覚があったのです。

「わかった？」とは聞かないで、どれくらいわかったかを確認させる。こちらからの話を聞いてもらうだけではなく、何か別の作業をさせる。

これらのアドバイスを、大学の授業でもさっそく実践してみました。

例えば、周りの学生と例を考えさせるだけでも活気が出てきました。また、喉頭の仕組みを紙の模型を組み立てながら理解する授業は、まさに「作業」で、大学生もとても楽しそうでした。

このような意識を持つだけで、大学生の授業でも雰囲気が明らかに変わったのが印象的です。大人に教える時も、子どもに教える時も、このような工夫が必要なのだなと痛感しました。

また、このアドバイスは「先生と生徒」の関係だけでなく、「親と子」の関係についても言えるかもしれませんね。

親としてついつい「わかった？」と言ってしまいがちですが、子どもにしてみれば、「わかった」としか反応しようがないかもしれません。何かを教えた時に「わかった？」と頭ごなしに聞かずに、例えば別の聞き方で質問してみて理解しているか確かめるなど、いろいろな工夫ができそうです。

4時間目

プリキュアに似合う音

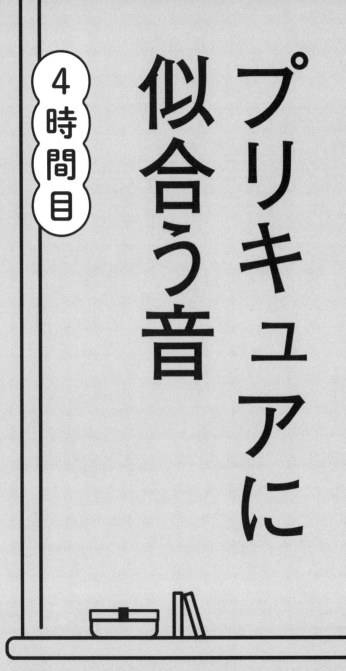

休憩中に恩師からもらった「もっと生徒に作業させてごらん」というアドバイスを受けて、4時間目は急遽予定を変更して、プリキュアの名前の分析を披露することにしました。事前に募集した質問には、プリキュアに関する質問がなかったので、授業で話す予定はありませんでした。しかし、この分析は子どもの興味を引くためによい教材かもしれません。それに、プリキュアの話題に絡めて、子どもたちに作業をしてもらう腹案もありました。はてさて、小学生の反応はどうでしょうか……。

プリキュアに似合う音ってなんですか？

川原　じゃ、授業の続きをやっていきましょう。前もってもらった質問の中になかったので、プリキュアの話をするつもりはなかったんだけど、したほうがおもしろいかなと思って予定を変更しました。
たぶんみんなはまだ生まれていない時に放送されてたと思うんだけど、『フレッシュプリキュア！』を知っている人？

――はい！

――知らない。

川原　好きだった？　みんな何プリキュアを見てた？

みあ　『魔法つかいプリキュア！』

——『キラキラ☆プリキュアアラモード』だっけ？

——あと、『HUGっと！プリキュア』もやってた。

川原　『HUGっと！』も見てた？　そっかそっか、『HUGっと！』はうちの娘がよく見ていたんだ。だから私も一番ちゃんと見たプリキュアシリーズかも。でもプリキュア知らない人もいるからみんなで復習していこうね。

——何を復習するの？

川原　名前の復習をします（笑）
『フレッシュプリキュア！』から始めます。この右から二番目の子ね、キュアピーチっていいます。主人公です。

一番左はベリーね。それから、左から二番目がパッション。一番右がパイン。一回ちゃんとみんなで名前を発音してみようか。

――ベリー。パッション。ピーチ。パイン。

川原 2時間目の授業で「両唇が閉じる音」が出てきたよね。覚えてるかな？　「ばびぶべぼ」とか「ぱぴぷぺぽ」。このプリキュアたちの名前を発音してみるとどう？

――全部だ！

――最初が全部その音になってる。

川原 そう、『フレッシュプリキュア！』の四人全員の名前が、「両唇が閉じる音」で始まっているよね。

『フレッシュプリキュア！』の登場人物。左からキュアベリー、キュアパッション、キュアピーチ、キュアパイン。

これってけっこうすごい発見で、発見した瞬間は今でも覚えています。うちで、紙風船を使ってバレーボールごっこをやってたの。上の娘がピーチ、私はベリー、妻がパイン、下の娘がパッションになって遊んでました。それでね、「父ちゃん」「母ちゃん」って普段の呼び方を使うと上の娘が怒るのよ。「ピーチでしょ！」「パインでしょ！」って。だから、「いくわよ、ピーチ」「そっちよ、パイン」って連呼しながらバレーボールしていました。

そうしたら、「あれ！　どの名前も両唇を使った音で始まる〜！」って気づいて、バレーボールごっこは一時中断です。

家にあった映画のパンフレットをめくったら、この、みあも見ていたという『魔法つかいプリキュア！』が目に留まったの。この子たちの名前知ってる？

――めっちゃ見てた。なんだっけ……？

――クマが好きだった！

『魔法つかいプリキュア！』の登場人物。左からキュアフェリーチェ、キュアミラクル、キュアマジカル。

川原 正解は、左からフェリーチェ、ミラクル、マジカルっていいます。クマは妖精だったんだけど、映画で無事にプリキュアになりました。モフルンっていいます。プリキュアを知らない人もいるから、もう一回みんなで一緒に発音してみようか。フェリーチェ、ミラクル、マジカル、モフルン。どう？

みあ これは全部付かない、唇と唇が。

――付くよ！

みあ うそ？

川原 いろんな意見が出たね。『フレッシュプリキュア！』の時より複雑だから、じっくり考えてみよう。

一番はじめの音はどう？　実際に発音してみよう。

なつめ ミラクル、マジカル、モフルンは全部唇が付くよ。

――フェリーチェは……

川原 フェリーチェは両唇付かないよね。だけど、両唇をまったく使ってないかな？「フェ」の口の形をして「フー」って息を流してみると、両唇は閉じないけど、ちょっと両唇がすぼまった感じにならない？『フレッシュプリキュア！』も『魔法つかいプリキュア！』も登場人物の名前の最初は、全部が両唇を使う音なの。

――ほんとだ！

――他のシリーズも？

川原 のってきたね（笑）。じゃあ全部見ていこうか。私がこの「プリキュアの法則」を発見したのが二〇一九年だから、それまでに登場したプリキュア全員に登場してもらいましょう。ちょうどね、その時に映画で大集合してたから、娘と映画館に見にいってね、せっかくだから分析させてもらいました。

じゃあ、最近のシリーズからいこうか。『スター☆トゥインクルプリキュア』ね。この緑の子の名前を覚えている人？

——ミントみたいな名前だった気がする。

川原 惜しい。ミントはこの子（『Ｙｅｓ！　プリキュア５ＧｏＧｏ！』に登場）。この子はミルキーです。じゃあ、『ＨＵＧっと！プリキュア』に出てくるこの子は？

——アムールと仲いい子。ムーン……ムーンじゃないな。

——でも、最初に口がくっつくはずだよ。

川原 そうだね、もう私が何を言いたいかわかってるね、さすが！　この子は、マシェリっていいます。これはマカロン、マジカル、ミラクル、プリンセス。こうやってプリキュアの名前を全部調べてみたの。そうしたら、両唇を使って出す音で始まるプリキュアがすごく多いのよ。ちゃんと数えると、半分ぐらいのプリキュアが両唇で始まります。

2019年までに放送されたプリキュアたち。丸で囲まれたプリキュアが両唇を使った音で名前が始まるキャラクター。

最近のプリキュアの名前も分析してますか？

――もっと最近のプリキュアは？

川原　いい質問だね。さっきの図は二〇一九年までのプリキュアたちだったね。二〇二〇年は『ヒーリングっど♥プリキュア』で、フォンテーヌ、スパークル、グレース、アースが登場しました。ちょっとフォンテーヌもみんなで発音してみようか。フォ、フォ、フォ。

――フォンテーヌ。

――唇は合わさないけど、フェリーチェと同じ？

川原　そう、フェリーチェと一緒で、唇が閉じるわけじゃないけど、近づいているね。

『ヒーリングっど♥プリキュア』の登場人物。上からキュアフォンテーヌ、キュアスパークル、キュアグレース、キュアアース。
©ABC-A・東映アニメーション

次が二〇二一年の『トロピカル〜ジュ！プリキュア』。この中で両唇を使う音で始まっているプリキュアはいるかな。

――パパイア。

――フラミンゴ。

川原 そう、いいねいいね、みんな音声学がわかってきたね！

『トロピカル〜ジュ！プリキュア』の登場人物。左からキュアパパイア、キュアフラミンゴ、キュアラメール、キュアサマー、キュアコーラル。

＊補足＊

ここで「フ」は両唇を使う、と指摘してくれた子は鋭いです。「ハ行」の子音は、次の母音によって発音の仕方がずいぶん異なります。「ハヒヘホ」では唇は丸まりませんが、「フ」では丸まるのです。これも3時間目にお話しした、音韻変化の一例ですね。ちなみに「フ」の子音は、「ファフェフォ」の子音と同じです。

余談ですが、日本人は「フ」を発音する時に無意識的に唇を丸めてしまうので、英語のwhoのような単語を発音する時も、その癖が抜けないことがあり、これが日本語なまりに聞こえる原因の一つにもなります。

ただし、これも日本人の個性ですから、なまっているからと萎縮して英語を話さないのも、もったいない話です。私自身もこのなまりが消えていませんが、堂々と英語を話しています。英語の発音に興味がある人は心の片隅に置いておく、くらいでよいでしょう。

川原　今年（二〇二二年）のプリキュアのデータはスライドに入ってないな。今のプリキュアは何だっけ？

――『デリシャスパーティ♡プリキュア』。

川原　そうだ、ありがとう。プレシャス、スパイシー、ヤムヤム、フィナーレが出てくる。プレシャスとフィナーレが両唇を使った音で始まります。

ここで大事なのは、両唇で始まる名前のプリキュアがすごく多いってことだね。どれくらい多いかっていうと、大体一シリーズに一人か二人は出てくる。出てこないのは『ドキドキ！プリキュア』だけ。全体で見ると半分ぐらいのプリキュアが両唇のプリキュアなんだよね。

――両唇のプリキュア！

川原　そう、音声学的に大事なのは、両唇のプリキュアなのよ（笑）

自分たちの名前とプリキュアの名前を比べてみよう

川原　これは普通の名前と比べてみるとおもしろいかもしれない。

よし、自分の名前で考えてみよう。自分の名前を発音する時に、両唇が閉じるかどうか考えてみて。それから周りの子の名前も確認しながらチェックしてみて。名前のはじめの音だけでいいよ。

——（わいわい楽しそうに作業）

川原 オッケー。じゃあ、自分の名前が両唇で始まった人、手を挙げてください。「みあ」「みと」「もも」「みと」「めい」。「みと」が二人いるのか。じゃあ五人かな。今この教室には三〇人ぐらいいるから、三〇人中五人が両唇で始まるんだね。でもプリキュアは半分ぐらいだったよね？

——三〇人中だったら一五人ってことだ。

川原 そうそう。もし、この世界がプリキュアの世界だったら、一五人が手を挙げてくれないとおかしかったんだけど、現実世界では五人だったのね。なんでそうなっているのか不思議だけど、両唇のプリキュアが多い。

あともう一個、おもしろいことに気づいてしまったよ、私は。何か気がつく？

みあ 今手を挙げた人たちは、全員「まみむめも」が最初の文字に入っている！

川原　そうなの！　両唇で出す音っていっぱいあって、プリキュアはその中でピーチとかパインとか「ぱ行」も出てくるし、ベリーとかビートみたいに「ば行」も出てくるし、マシェリみたいに「ま行」も出てくるのね。

だけど、プリキュア世界ではないこの現実世界では、両唇の音って全員「ま行」なんだよね。

あともう一つちょっとおもしろいことに気づいた。手を挙げてくれた子を見渡すと、何か気づかない？

――女子。

川原　女子。そう、全員女の子だね。

――うちのお父さん「ミオ」だから、唇付くよ！

川原　お父さんの名前、ミオなんだ。そうかそうか。マコトとかね、両唇の音で始まる名前を持った男の人もいます。

―― そういうこともあるんだ。

―― あとマモルとか。

川原 そうだね。もちろん男の人の名前が「ま行」で始まっちゃいけないわけじゃないんだけど、「ま行」は女の子の名前に多そうだね。

ちょっとまとめるよ。プリキュア世界では、両唇の音で始まる名前を持つキャラが多い。現実世界よりも多い。

そして現実世界では、両唇の音で始まる名前は「まみむめも」が多いね。

―― なんで?

なんでプリキュアには両唇の音が似合うんですか?

川原 いい質問! なんでに対する本当に本当の答えは、プリキュアをつくっている人に聞かないとわからない。

だけど、さっき「ぱぴぷぺぽ」が外国っぽいおかしの名前に使われるって話をしたよね（↓2時間目）。私は、たぶんそれに似た原因があると思っています。

突然だけど、弟や妹がいる人いる？

——いない。

——はい、います。

川原　赤ちゃんの時にどんな音を出していたか覚えてる？

赤ちゃんはね、四ヶ月くらいからことばの発音の練習をするんですよ。みんなもそれをやって日本語が話せるようになったんだね。

ちょっとこれを公開しちゃうわ。これね、うちの下の娘の動画なんだ。かわいいでしょう。

（下の娘が四ヶ月の頃、両唇を使って音を出している動画を見せる。サポートページに音声があります）

——ワワワって言ってる。

――　ワワワワワワ。

――　バウワウワー。

川原　そうそう。唇くっつけるのよ。

この子はまだ四ヶ月ぐらいで、何もしゃべれないんだけど、ことばの練習をし始めた時に、こうやって両唇を使って音を出していたのよ。

（別の動画を二つ見せる。サポートページに音声があります）

これは八ヶ月くらいで、はいはいを始めたころの動画です。両唇を閉じて「パッパッパッパ」って音を出して遊んでるのね。

こっちは十ヶ月の頃。この頃はだいぶはっきりしてきたね。「バッバ」とか「バーバ」って言ってる。

私の愛娘の動画を披露したいわけではなくて、大体赤ちゃんってこうやって両唇を使いながらことばを覚えていくんですよ、ってことをお伝えしたかったの。

それで、プリキュアって誰が見る番組？

――ちっちゃい子とか。

川原　ちっちゃい子だよね。大きいお友だちも見るけども。

ということは、プリキュアの名前って子どもたちがちゃんと発音できないとダメじゃない？　だとすると、プリキュアをつくっている人たちは、子どもたちが発音しやすい音を選んで名前を付けているっていう考え方もできるよね。

＊補足＊

過去の著作では、もう少し複雑な説明をしていました。

両唇を使った音は赤ちゃんがはじめに身につける音であり、赤ちゃんはかわいい。よって、両唇を使った音は「かわいい」感じがする。

そして、プリキュアはかわいいから、両唇の音がよく似合う、という論理を展開していました。

しかし、二〇二二年の国際基督教大学での授業の際、学生たちから「かわいい」という概念を用いなくても、プリキュアの名前に両唇音が多いことには説明がつく、と反論され、私もその新理論を受け入れ、今回の授業で紹介しました。

ただし、「両唇音＝かわいい」という連想は、他の証拠もありそうなので、私の過去の仮説が完全に否定されたわけではなさそうです（↓レベルアップ5）。

プリキュアのタイトルも両唇の音で始まりますか?

――キャラの名前だけじゃなくて、『プリキュア』とか『プリンセスプリキュア』の「プ」とか、『魔法つかいプリキュア!』の「マ」も両唇で始まってるよ?

子どもたちによる新発見!

川原 ああ、タイトルか! タイトルは考えたこともなかった。ちゃんと分析してみないとダメだね。

『魔法つかいプリキュア!』とか『プリンセスプリキュア』とか『フレッシュプリキュア!』とか、タイトルも両唇の音で始まっているものが多いかもしれない。

素晴らしい! プリキュアの名前分析はいろんなところで発表してきたけど、それを指摘してもらったのは初めてだよ。

＊補足＊

小学生に感化されて、授業の後に調べてみたところ驚きのパターンが出てきました。プリキュアのタイトルは大きく四つのパターンに分類されそうです。

1．無声摩擦音で始まる（両唇摩擦音を含む）（11）
ふたりは（マックスハート、スプラッシュスター）、フレッシュ、ハートキャッチ、スイート、スマイル、ハピネスチャージ、HUGっと、スタートゥインクル、ヒーリングっど、ひろがるスカイ

2．破裂音で始まる（4）
ドキドキ、キラキラアラモード、トロピカル～ジュ、デリシャスパーティ

3．摩擦音以外の両唇音で始まる（2）
プリンセス（ただし語頭にGo！が付く）、魔法つかい

4．その他（1）
Yes！5GoGo

半分以上が無声摩擦音（↓レベルアップ1）で始まるタイトル名で、そのうち三つが両唇摩擦音で始まります。

現時点で結論を出せるほど考察できていませんが、無声摩擦音を繰り返す頭韻技術が日本の文学表現に頻出することは確かです。
身近な例では「サクラサク」がそうですし、俵万智さんの「7月6日はサラダ記念日」も、「さ行」で頭韻が踏まれています。56ページで紹介した「ひさかたの 光のどけき 春の日にしづ心なく 花の散るらむ」という短歌は無声摩擦音の繰り返しを含んでいます。
これらの例を考えると、無声摩擦音が日本の文学表現にとって、何かのキーになっている可能性はあると思います。

川原　他に何かプリキュアについて思いついたことあるかな。

なつめ　曲の歌詞でも、めっちゃ「ぱぴぷぺぽ」が出てくる。

川原　いいね。じゃあ、実際の曲かけちゃおうか。懐かしいかも。この曲じゃないかな？

——『パペピプ☆ロマンチック』だ！

——めっちゃ覚えてる。

川原　「ぱぺぴぷぺぽぱぽ　ろまんちっく」って歌ってるね。すごく「ぱぴぷぺぽ」が出てきます。

みんな「めっちゃ覚えてる」って言ったじゃない？　もしかしたらだけど、この両唇を使った「ぱぴぷぺぽ」っていう音は、みんなが赤ちゃんや小さかった時にすごく心地よかったのかもしれないね。

みあ　今言ったのの付け足しみたいなんだけど、その歌詞が小さい時に覚えやすいというか。

川原　歌いやすかったのかな。

みあ　そうそう。だからたぶんずっとめっちゃ覚えているんじゃないかな。

川原　そうか。だから、歌をつくる人も赤ちゃんや子どもはどんな音が出しやすいかを知っていて、それを狙って、こういう歌をつくっているのかもしれないね。

これは今日、初めて出てきた仮説です。普段大学の授業でもプリキュアの話はよくするんだけど、今日小学生のみんなにも話したおかげで新しい発見があったよ。すごくよかった。ありがとう！

＊補足＊

タイトルに関する話題と同様に、この歌の例も、教える側も教わる側から教わっていることをはっきりと体現しています。

二〇一九年からプリキュアを題材に音声学を教え始めて数年経ちましたが、「『ぱ行』が入っている歌は歌いやすかった」という感想は初めて聞きました。

大学教授も小学生から教わることがたくさんあることが明確にわかる好例ですね。

レベルアップ4

プリキュアの名前分析についてもう少し語らせてください

「プリキュア＝両唇音で始まる名前が多い（約半数）」という仮説は、私が二〇一九年に発見し、それ以来、授業や一般向けの講座でよく紹介しています。

また、大学の授業で強調する点なのですが、このプリキュア研究は、科学における仮説検証のあり方を体現しているという意味でも、有用な教材です。というのも、私は二〇一九年に「プリキュアの名前が両唇音で始まる確率は〇・五である」という仮説を立てました。

この仮説によって、まだ見ぬデータに対して予測を立てることができます。プリキュアは毎年新しいシリーズが追加されるので、そのたびに、この予測は新たなデータによって吟味されるのです。さらに、仮説で提唱している具体的な確率（〇・五）は、新たなデータが加わることで精度を増していきます。

既存のデータにもとづいて仮説を立て、新たなデータによってその予測を吟味し磨きをかけていくという作業は科学検証のあり方そのものです。

というわけで、私は毎年新しいシリーズが発表される頃になると、両唇音で始まる名前を持ったプリキュアが登場するかどうかドキドキすることになります。

ちなみに、二〇二三年から始まった『ひろがるスカイ！プリキュア』では、スカイ、ウィング、プリズム、バタフライが登場し、なんと四人中三人が両唇音のプリキュアでした。しかも、［w］で始まる名前を持つプリキュアは今まで存在していませんでしたので、喜びはひとしおでした。というのも、［w］は両唇音の中でも特殊な存在であることが過去の研究で知られており、両唇音で始まるプリキュアが多い中、［w］で始まるプリキュアが存在しないこともまたおもしろい事実だと考えていたのです。

ウィングの登場によって、また考えるべきことが増えたように思います。娘たちがプリキュアを卒業しても（まだその気配はありませんが）、私はプリキュア（の名前）を分析し続けるでしょう。

さて、授業中に子どもたちが自分たちの名前を分析した時に、「名前が両唇音で始まる場合、その両唇音は必ず『ま行』である」ということが判明しました。これらも実は、今までの研究結果から考えると納得の傾向なのです。

前に触れましたが、「ぱ行」は日本語から一度なくなったため、一般的な名前で「ぱ行」で始まる、ということはなかなかありません（→2時間目）。

また、昔の日本語では語頭に濁音がくることがなかったため、「ば行」で始まる名前も少ないのです。ですから、一般的な名前の語頭に出てくる両唇音が必ず「ま行」だったというのは納得です。

ここで「ちょっと待った！」と文句をつけたくなった人もいるかもしれません。もし一般的な名前が「ぱ行」や「ば行」で始まらないのであれば、「プリキュアの名前に両唇音が多いのではなく、一般的な名前に両唇音が少ないだけでは？」という疑問が湧きます。もちろん、これはとても正しい疑問です。この疑問を検証するために、私はプリキュアの名前を、ウルトラマンの名前やエヴァンゲリオンの使徒の名前とも比較してみました。これらの名前はプリキュアと同じくカタカナ語がほとんどで、「ぱ行」や「ば行」に対する制約がないからです。

結果、これらの名前に比べてもプリキュアの名前は両唇音で始まる確率が高いことが判明しています。

また、子どもたちの第二の発見として「『ま行』は女の子の名前に多い」というものがありました。この観察は、前に扱った「共鳴音」という概念に関わります(→レベルアップ1)。復習しますと、共鳴音とは「濁点を付けられない音」で、空気がよく流れ共鳴が起こりやすいことから、この名前が付いています。「ま行」は、鼻から空気が流れて、そこで共鳴が起きるので共鳴音に分類されます。

さて、そんな共鳴音ですが、英語の名前でも日本語の名前でも、共鳴音は男性名よりも女性名に多く出てくる傾向にあることがわかっています。

ですから、「ま行」で始まる名前の子どもはみんな女の子だった、というのも納得の結果なのです。

実は、共鳴音に関しては他にもいろいろとおもしろい傾向が観察されていますので、そちらはレベルアップ5で紹介したいと思います。

5時間目

ポケモンの進化は名前でわかる

前回は生徒たちをもっと議論に巻き込むためにプリキュアの名前の分析を披露してみました。
この試みは割とうまくいったようです。
しかし、プリキュア好きは女の子に多く、プリキュアを見ていない子たちをしっかりと巻き込めたかは自信がありません。
ですから、今度はポケモンの名前の分析を紹介していくことにしました。

ピィとグラードン、なんでグラードンのほうが強そうなんですか？

川原　みんなポケモンは知ってますか？

――知ってる！

――えー、わかんない。まったく知らないわ〜。

川原　ポケモンまったく知らなくてもいいの。これが私のポケモン分析のいいところで、知っている人も知らない人も楽しめる！

じゃあ、みんなポケモンを知らないフリをしよう。ここに小さいポケモンと大きいポケモンがいるとします。どちらかがピィで、どちらかがグラードンです。さて、どっちがピィで、どっちがグラードンでしょうか？

——小さいほうが、ピィ！

川原 小さいほうがピィだと思う人。

——（ほぼ全員）はーい！

川原 大きいほうがピィだと思う人は……いなさそうだね。おっきいのがピィだと、なんだかおかしいよね。でも、なんでわかるのかな？

せな 名前の文字数。

りゅうへい ピィはなんかピィっぽい。グラードンは名前が強そう。

なつめ ピィは「゜」が付いてて、グラードンは「゛」が付いてる。「゛」が付いてるほうがなんか強そう。

濁音って強い感じがしない？

川原　まず、なつめの意見から掘りさげよう。「グラードン」という名前に付いている濁点が関わっていそうだね。

1時間目に「がぎぐげご」の話をした時、みんなの意見の中から「強い」「硬い」「どすん」っていう感覚が出てきたよね（38ページの表）。そして4時間目に、プリキュアの名前には「赤ちゃんが出しやすい音」がたくさん使われているっていう話をしたね。

だとすると、プリキュアの名前でキャラクターにぴったりの音が使われているのと同じように、ポケモンでもそれぞれのキャラクターにぴったりの音が使われているのかもしれない。

＊補足＊

なつめの「ピィ」には「゜」が付いているという指摘を、授業中には十分膨らませる余裕がありませんでした。

4時間目のプリキュア分析でも触れましたが、「ぱ行」は赤ちゃんが得意とする音であり、日本人は「ぱ行＝かわいい」と連想するようです。

ですから、「濁音＝大きい・強い」という連想から「グラードン」という名前が大きいポケモンと結びつけられるのと同時に、「ピィ」という名前が小さくてかわいいポケモンに結びつけられているのかもしれません。なつめは両方に注目していたのですね。また、せなが注目してくれた「名前の長さ」については後で詳しく補足します（154ページ）。

川原　今度は進化に着目してみよう。ポケモンって進化するんだよね。進化するポケモンの例を考えていきましょう。メッソンは何に進化するか知ってる？

――ジメレオン。

――進化すると「゛」が付く！

川原　カブルモは進化するとシュバルゴに、チョボマキはアギルダーになります。進化した後のシュバルゴとアギルダーには何が起こっている？

――「゛」が付いてる！

――「゛」が一個ずつ多くなってる！

せな　名前も進化している？　例えば、メッソン→ジメレオンの場合だったら、「゛」なしから「゛」が付くみたいに、文字も進化している。

そら　それにちょっと付け足しで、カプルモは一個しか「゛」が付いてないけど、進化するとシュバルゴで「゛」が二個付く。

川原　そうだね。濁点は増えたりもするんだね。それをまとめてみた表が左ページ。上は、進化前の名前には「゛」がないんだけど、進化後の名前には「゛」が入っている例。下の例では、もともと「゛」は一個だったのが、進化後には二個になる。どうやら、進化すると名前に含まれる濁音の数が増えそうだね。

進化前		進化後
イワーク	→	ハガネール
メッソン	→	ジメレオン
エリキテル	→	エレザード
トサキント	→	アズマオウ
オタマロ	→	ガマガル
ユキワラシ	→	オニゴーリ

濁点なし→濁点ありパターン

進化前		進化後
チョボマキ	→	アギルダー
アブリー	→	アブリボン
ゴース	→	ゲンガー
スナヘビ	→	サダイジャ
カブルモ	→	シュバルゴ
ジャラコ	→	ジャランゴ

濁点1個→濁点2個パターン

ポケモンの名前を本気で研究したっていい

川原　下のグラフは、第6世代までのポケモンの名前を全部調べて、何回進化したら、名前に何個濁音が含まれるかを数えたものです。ポケモンって二回まで進化できるんだよね。何か例を思い付く人いる？

はるま　ピチューがピカチュウに進化して、そこからライチュウになる！

川原　ありがとう。この横軸は、ポケモンが何回進化したかを表しています。例えば、0がナエトル、1がハヤシガメ、2がドダイトス、みたいにね。で、はるまがあげてくれた例のピチューは、実はピカチュウが進化する前の形でしたよ、って後から出てきたポケモンなの。そういうのはベビィポケモンって呼ばれるので、

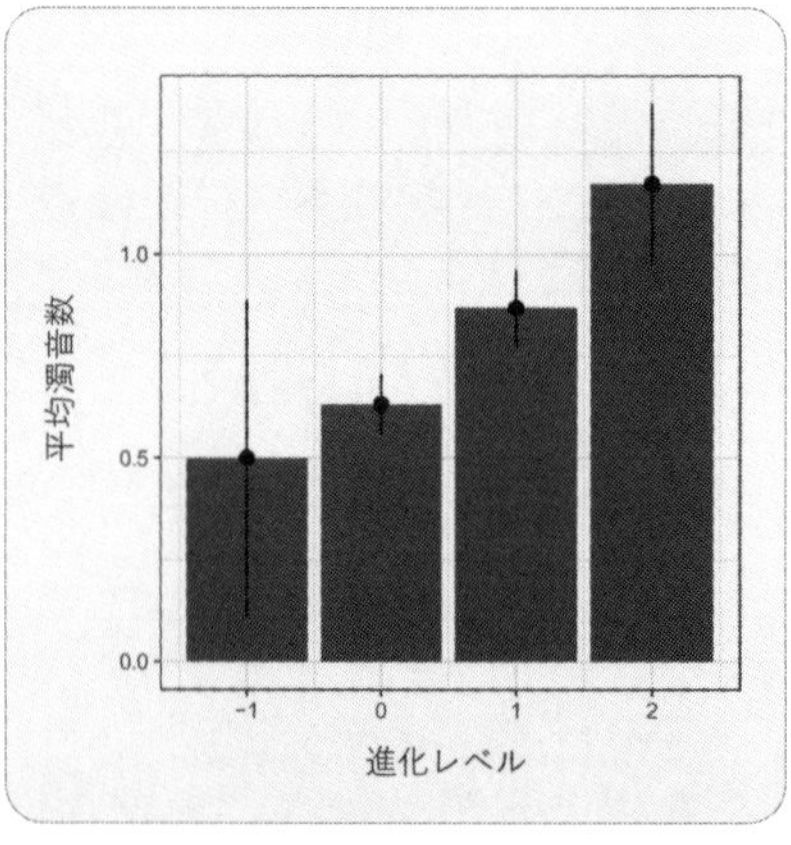

進化レベルとそれぞれの名前に含まれる濁音の平均値。進化レベル「-1」は後付けで既存のポケモンの進化前とされたベビィポケモン（ピカチュウの進化前であるピチューのようなポケモン）。

−1として数えました。

グラフの縦軸は、名前に大体どれくらい濁音が入っているかを計算したものです。

グラフを見ると濁音の数はだんだん右肩上がりになっていくのね。これは、進化すればするほど名前に含まれる濁音の数が増えますっていうこと。

そして、この傾向は、大学の研究で実証されました。

こういうふうに、ポケモンの名前を言語学的に研究してみましょうと始めたのは私なの。でも、この研究は瞬く間に世界に広まったんです。

この雰囲気を伝えるために三枚の写真を見てみましょう。

左の写真の先生は英語、中央の先生はロシア語、右の先生は中国語、それぞれの言語のポケモンの名前を分析しだしたのね。

せっかく世界中で研究してくれている人がいるんだから、みん

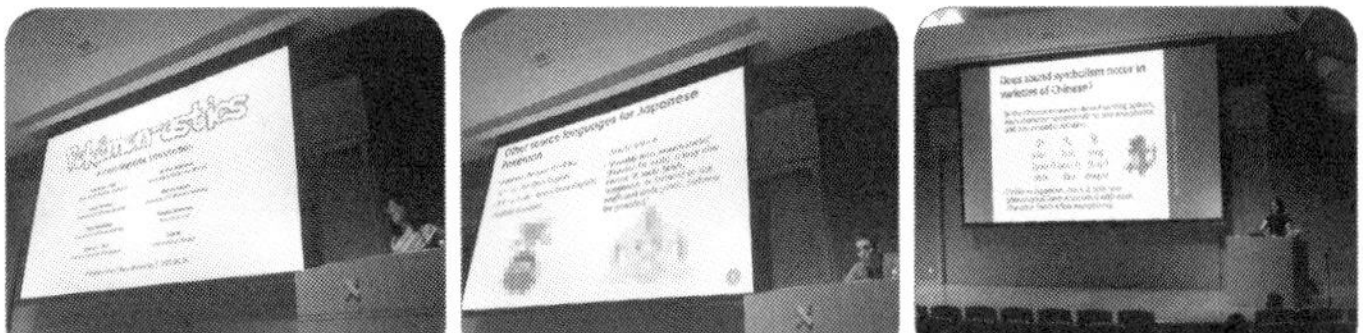

慶應大学で開催された国際ポケモン言語学会の様子。左から英語、ロシア語、中国語に関する発表。

なで集まってお話ししましょうっていう学会を慶應大学でやったことがあるんです。こうして、ポケモンの名前研究は言語学の世界で立派に認められる分野になったんだ。学問の世界ってけっこう自由なんだよ。プリキュアの研究をしても、ポケモンの研究をしてもいいんだ。

なんで濁音は大きいんだろう?

川原 じゃあ次の話。濁音は大きいとか、強いとか、進化しているとかっていうイメージがあるってことがわかってきたね。じゃあ、それはなんでかを考えてみよう。これも実際に感じられると思うから作業してみよう。「ば」が一番わかりやすいかな？ 両手をほっぺたに当てて、「あば」の「ば」の部分をできるだけ伸ばして発音してみてくれる？ 「あ」を伸ばすのではなくて。私の真似してみて［ａｂｂｂｂｂａ］って。それからとなりの子と、お互いのほっぺを見てみながらやってみよう。

――あっっっっっっぱ。

川原 何か気づいたことがある人いる？ はい、みあ。

みあ　「うーんば」ってやると、最初に口の中が膨らんで、「ば」って言った瞬間に全部出る感じがした。

川原　いいね、素晴らしい。じゃあ、せな。

せな　みあにちょっと似ているんだけど、膨らんで、それが一気に爆発するような感じ。

＊補足＊

このように濁音を発音すると口の中が膨らみます（ピンとこない人は、サポートページに動画があります）。特に「ば」を発音する時には、ほっぺたが膨らむので、この膨らみを実感しやすいです。

そして、せなが「一気に爆発するよう」という感想を言ってくれたのは、口の閉じが開放された時の「破裂」を感じとっているのだと思います（↓レベルアップ1）。小学生たちがこのように自分が発音する時の感覚を実感してくれるのは、音声学者として本当にうれしく思います。

川原　そうだね。「あ、ほっぺた膨らみました」っていう人どれくらいいる？

——　はーい！


川原　みんな感じられたね。「ば」って発音した時に一気にぷしゅんってしぼんだと思う。「ば」を発音するためには、まず両唇を閉じるよね。そうすると口の中が風船みたいになるんだ。で、「ば」を発音している時、空気がどんどん口の中に入っていくの。風船の中に空気を入れていくと膨らむよね。濁音を発音する時ってそれと同じことが起きるの。

つまり、濁音って発音する時に口の中が膨らむんです。

口の中が膨らむのは、みんな実感できたと思うんだけど、わかりやすい図も持ってきました。

左ページの図はＭＲＩで口の中の膨らみを撮ったものです。のどの少し上の部分を写しています。

濁点が付かない音と、濁点が付く音で比べてみよう。下が濁音で、上が濁音じゃない音なんだけど、どっちが大きい？

——下のほうが大きい！

川原 そう、濁音のほうが口の中が大きくなってるんだ。

ポケモンって進化すると、体が大きくなるよね。そこで「ポケモンが進化すると名前に含まれる濁音が増えるのはなんで？」って考えてみよう。濁音って発音する時に口の中が大きくなるんだよね。

だから、「濁音＝大きい」っていう感覚を私たちが持っていてもおかしくないんだよ。

例えば、「コロコロ」転がる石と「ゴロゴロ」転がる石だっ

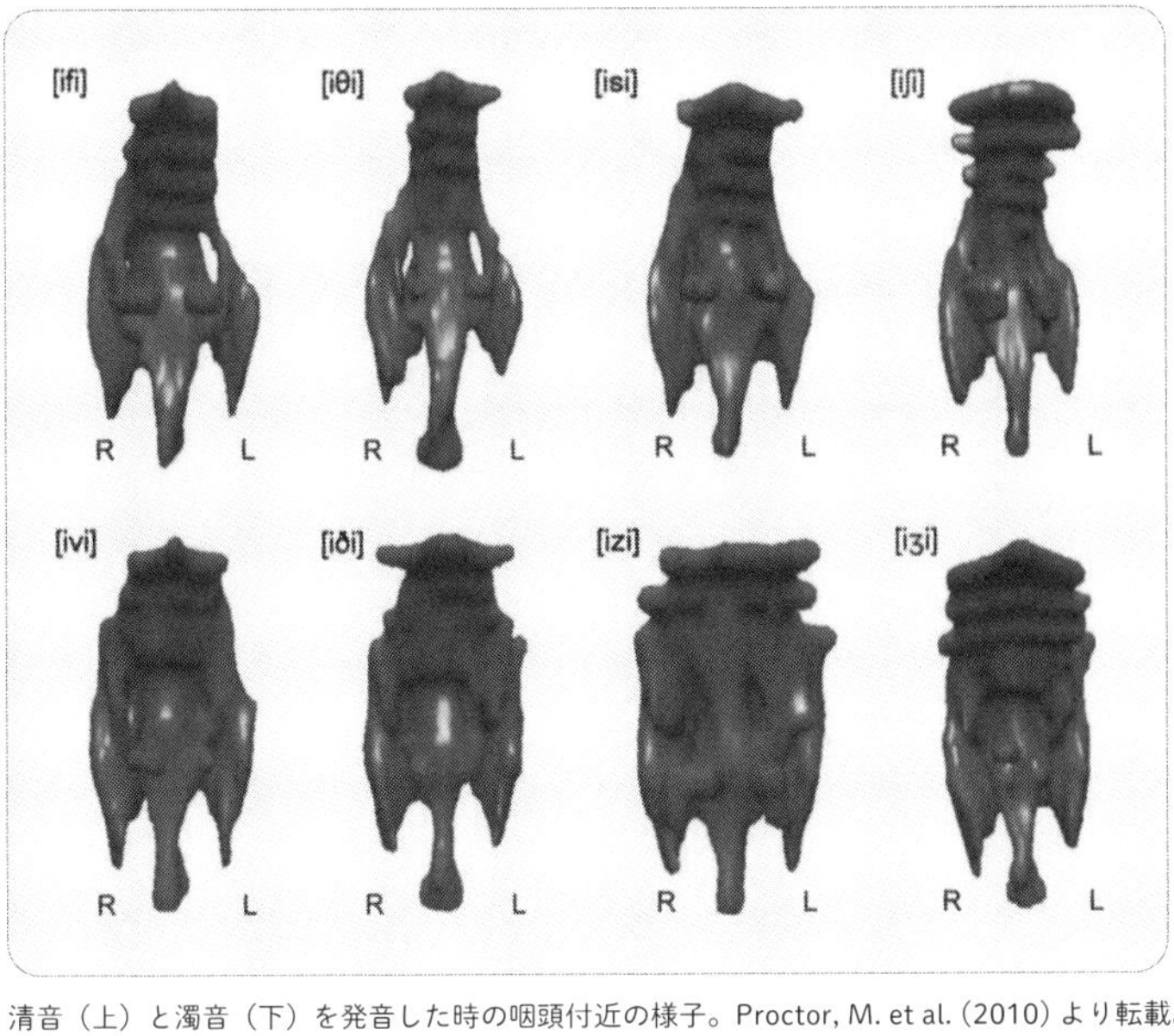

清音（上）と濁音（下）を発音した時の咽頭付近の様子。Proctor, M. et al.（2010）より転載。

たら、「ゴロゴロ」のほうが大きい石に感じられるでしょ？「カンカン」鳴っている音と「ガンガン」鳴っている音だと、やっぱり「ガンガン」のほうが大きい音だよね。

もしかしたら、ポケモンの名前を付ける人は、そういう感覚を利用しているのかもしれないね。


ちなみに、この「濁音＝大きい＝進化したポケモン」っていう連想は、日本人だけじゃなくて、英語を話す人やポルトガル語を話す人、ロシア語を話す人も同じような感覚を持っていることが、ポケモンを題材とした研究から判明してきました。濁音を発音する時に、口の中が膨らんじゃうのは日本人だけじゃないからね。こういうところに、もしかしたら人類共通の何かが潜んでいるんじゃないかと私は最近考えています。

＊補足＊
「ピィ」と「グラードン」を比べた時に、せなは名前の長さに注目しました。

実はこれも正解で、ポケモンの名前を統計的に分析すると、進化すればするほど名前が長くなる傾向にあることが判明しました。

左ページのグラフは、第６世代までのポケモンの名前の長さを、進化レベル別に分析したものです。

この「より進化しているポケモンの名前＝長い」という連想も、濁音の効果と同じく、日本語話者だけでなく、英語話者・ポルトガル語話者・ロシア語話者も持つことがこれまでの研究でわかっています。

また授業では「進化レベル」に着目しましたが、ポケモンにおける他の特徴も特定の音で表されることが判明しています。

例えば、ポケモンには「ひこう」や「フェアリー」などのタイプがあります。

フェアリータイプのポケモンには、プリキュアの名前にも多く現れた両唇音が好まれるという結果が出ています（→4時間目）。これは、「両唇音＝かわいい」という連想が働いているからかもしれません。

同様に、ひこうタイプには「さ行」の音が好まれます。「さ行」の音は発音する時には、空気が非常に多く流れますので、「さ行＝空気の流れ＝飛ぶ」という連想が成り立つの

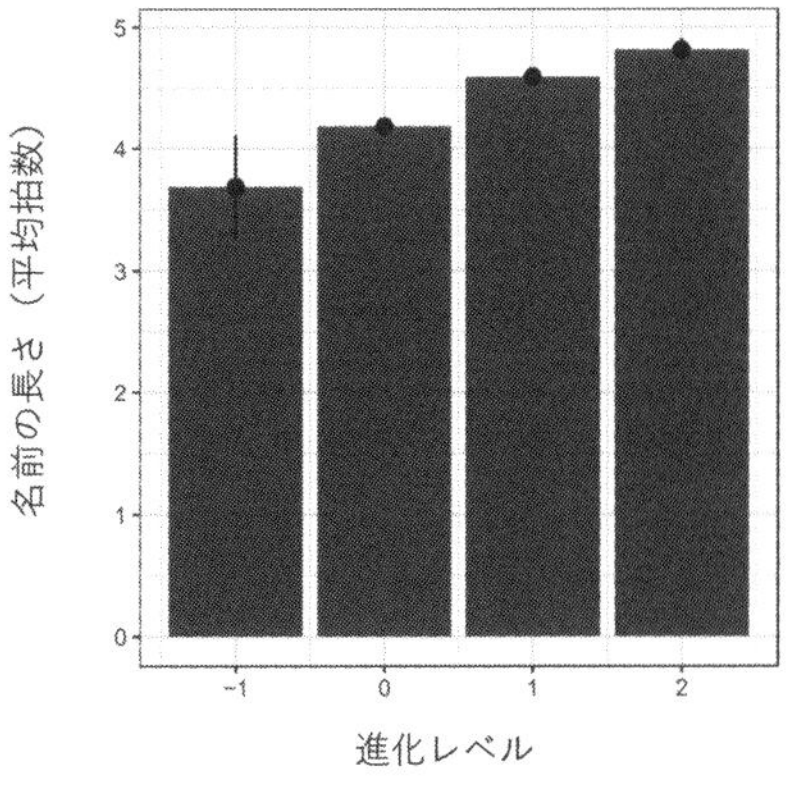

ポケモンの名前における進化レベルと名前の長さの相関。

でしょう。後者の連想に関しては、実は古代ギリシャのソクラテスがすでに「[s]の音は風を表す」と述べており、ソクラテスの主張がポケモンのデータをもとに支持されるというロマン溢れる結果となっております(↓レベルアップ6)。ポケモン好きの読者の方は、他にどんなタイプがあって、それぞれのタイプにどんな音が似合うのか考えてみるのも、音声学のおもしろい練習になると思います。

また、ポケモンの「なつき度」に注目した研究者もいます。様々な言語を分析した結果、両唇音が含まれると、そのポケモンのなつき度は高くなる傾向にあり、逆に濁音が含まれるとなつき度が低くなる傾向にあると指摘されています。プリキュアの名前にもよく似合うのが両唇音でしたね。プリキュアのキャラたちに親しみやすさが大事なことを考えると、プリキュアの名前に現れている傾向と、ポケモンのなつき度が高くなる傾向には、整合性があるように思えます。逆に濁音の「力強い」というイメージは、「近寄りがたさ」につながっているのかもしれません。

これまでの研究には、実際に存在するポケモンの名前の分析はもちろんですが、実際には存在しないポケモンの絵を使って、どのような名前がそのポケモンにふさわしいか判断してもらう実験なども多数含まれています。ポケモン研究は二〇一六年に始まりましたが、現在でも世界中の言語学者が研究を続けてくれています。今後もポケモンの名前研究は広がりをみせていくことでしょう。

レベルアップ5

身近な題材を科学する

言語学研究の魅力の一つに「身近な題材を科学できる」ということがあげられます。ことばは、私たちが毎日使っているものですから、身の周りに分析の題材が溢れているのです。これまで紹介した通り、プリキュアでもポケモンでも分析の題材は自由です。これらの分析は、学生の興味も引きやすく、音声学を知ってもらうきっかけとして有用なので、授業や一般向けの講演会でよく取りあげています。

これらの分析に興味を持ち、いろいろなジャンルの名前を分析してくれた学生も多数います。

そんな研究の中で浮かびあがってきた名前と音の法則には、以下のようなものがあります。

両唇音

- 赤ちゃん用のおむつの名前には両唇音が多用される。
- 赤ちゃん用の粉ミルクの名前も同様。
- 両唇音はサンリオキャラクターの名前にも多く登場する。

●音の「かわいらしさ」を直接判断してもらうと、両唇音が「かわいい」とされる。特に「ぱ行」がかわいい。

濁音（有声阻害音）

●濁音は、ウルトラマンシリーズの怪獣の名前に頻出する。
●ドラクエの呪文の名前に含まれる濁音の数は強さとともに増加する。
●同様の傾向はファイナルファンタジーの呪文でも成り立つ。
●遊戯王OCGデュエルモンスターズにおいて、濁音の数と攻撃力・守備力が相関する。
●漫画「ワールドトリガー」の悪役の名前は「イルガー」や「バムスター」のように、実在語に濁点を付けてつくられるものが多い（悪役の名前から濁点を取って発音してみると、急にかわいくなっておもしろい。みなさんも遊んでみましょう！）。
●（ハリーポッターなどの）呪文の名前に濁音が含まれると、英語母語話者はそれらを強いと判断しやすい。
●ディズニーの悪役の英語名には濁音が多用される。

共鳴音・阻害音

●AKBのアイドル名には共鳴音が好まれる。

●宝塚の女性役の名前には共鳴音が出てきやすい。
●萌え系のメイドには共鳴音が、ツン系のメイドには阻害音が好まれる。
●プリキュアの名前において、敵の名前のほうが味方の名前より阻害音を含みやすい。
●共鳴音を含む名前は、「感受性が強く」「協調性が高く」「勤勉である」と判断されやすく、阻害音を含む名前は「外向的」だと判断される（英語話者を対象とした実験）。
●共鳴音を多く含んだ女性名や、阻害音を多く含んだ男性名は「仕事ができそう」と判断されやすい（英語話者を対象とした実験）。

長さ

●モンハンのモンスターの体長は、名前の長さと相関する。
●ドラクエの呪文の強さと名前の長さは相関する。
●デジモンにおいても、進化レベルは名前に含まれる濁音の数および名前の長さと相関する。

これらはすべて傾向であって、例外のない絶対的なルールではありません。しかし、ほとんどすべての法則が統計的に検証されたものばかりで、都合のいい例をいくつかあげただけでもありません。

ちなみに、このようなネーミングに現れる傾向の分析は、言語学の専門家でない人たちからも興味を持ってもらっていて、ミキハウスから取材を受けて、記事が掲載されたこともあります。

最近のご両親は、子どもに名前を付ける時に、漢字の意味や画数などよりも「響き」を重視するという人が増えていて、その参考にしてもらえそうだとのことでした。

また、私も子どもの頃に愛読していた『週刊少年ジャンプ』の編集部からも分析の依頼が来て、ジャンプのキャラクター名も分析させていただきました。

最近の漫画にはあまり詳しくないので、国際基督教大学の学生たちに手伝ってもらって分析してみたところ、やはりおもしろい傾向が見えてきました。

明確な例ですと、『呪術廻戦』では、ポケモンでもおなじみの「濁音＝強い」という連想を使った名前が多く出てきました。私のお気に入りは「楽巌寺《がくがんじ》学長《がくちょう》」で、「が行」が三個も含まれています。「夏《げ》油《とう》傑《すぐる》」や「五《ご》条《じょう》悟《さとる》」など、圧倒的に強いキャラも「が行」で始まっています。

ファンブックの中で、作者の芥《あくた》見《み》下《げ》々《げ》先生は「名前の響き」に言及していますので、もしかしたら意識的にこのような名前を選ばれているのかもしれません。

『鬼滅の刃』でも似たような傾向があって、宿敵である「鬼舞辻無惨《きぶつじむざん》」や上弦の鬼（＝特に強い敵たち）の名前にはすべて濁音が含まれています（「黒死牟《こくしぼう》」「童磨《どうま》」「猗窩座《あかざ》」「獪岳《かいがく》」「半天狗《はんてんぐ》」「玉壺《ぎょっこ》」「妓夫太郎《ぎゅうたろう》」「堕姫《だき》」）。

漫画好きの方は、他にどんな例があるかぜひ自分で考えてみてください。

また、『鬼滅の刃』に登場するキャラクターを改めて見直してみますと、漢字三文字の名字や名前が非常に多いことが見えてきます（「炭治郎《たんじろう》」「禰豆子《ねずこ》」「伊之助《いのすけ》」「甘露寺《かんろじ》」「悲鳴嶼《ひめじま》」「栗花落《つゆり》」「小芭内《おばない》」「不死川《しなずがわ》」「杏寿郎《きょうじゅろう》」「無一郎《むいちろう》」「産屋敷《うぶやしき》」など）。

名字も名前も、ともに二文字以下のメインキャラクターのほうが少ないくらいです（「冨岡《とみおか》義勇《ぎゆう》」などが例外）。

これは、授業中にせなが注目した「名前の長さ＝強さ」という法則を、漢字で表現したものかもしれません。

漢字三文字の名前というのは、現実の世界ではそこまで多くありませんから、『鬼滅の刃』の独特の世界観は、名前を通しても表されていると考えることができるでしょう。

ともあれ、架空の人物やキャラクターの名前を付ける時に、上で紹介したような観察を意識してみると、また新たな発想が生まれるかもしれませんね。

このように音声学の観点から分析できる名前のジャンルには制限がありません。読者のみなさまもぜひ、興味がある分野の名前を研究してみてはいかがでしょうか？　新たな発見があるかもしれません。

理想としては、プリキュアやポケモンのように、ある程度の数がいると統計的に分析しやすいですが、音声学の練習としてであれば、自分なりに数例分析してみるだけでも十分だと思います。

6時間目

原始人のしゃべり方

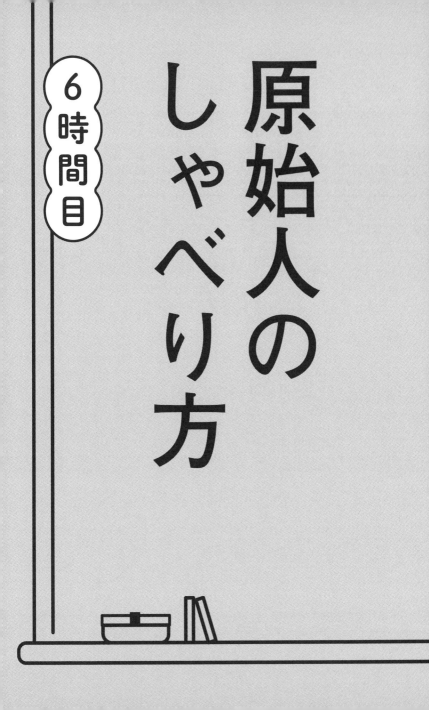

プリキュアの分析・ポケモンの分析を終えて、小学生たちも疲れ気味。

しかし、あと二つだけ議論したいテーマが残っていました。

一つは「原始人ってどうやってしゃべっていたの？」という質問。大変な難問ですが、実はこの質問、複数の生徒が送ってくれていたのです。この難問に関して小学生にどこまで答えられるか挑戦することにしました。

と、その前に、休憩中に新たな質問をしに来てくれた生徒がいて……

声優さんってどうやっていろいろな声を出しているんですか？

——質問があるんですけど。声優さんっていろんな声を出すじゃないですか。あれってどうやってやってるんですか？

小菅先生 すごい質問が来たね（笑）

川原 私は、声優さんとも一緒にお仕事しているんだよ。本当に解説しようとすると一日かかっちゃうし、一言で言うのは難しいんだけど、簡単に説明してみるね……。

普通しゃべる時って、最初のほうで紹介した声帯っていうのを使います（44ページの図）。その声帯を動かす筋肉ってけっこうたくさんあって、声帯を引っ張ったり緩めたりできるの。

例えば、声帯を引っ張ると高い声が出るのね。私たちって普段から声の高さを調整する時には、声帯を引っ張ってるの。そして、すっごくすっごく引っ張ると、いわゆる裏声になります。

あとは声帯をリラックスさせたり緊張させたりすることで、声の響き方を変えられます。話してる人が緊張してる時って声からもわかるよね。あれは声帯も緊張しちゃってるからなんだよね。

あとは、声帯の上に仮声帯っていう、もう一組別のひだがあるのね。

普通の会話では、声帯だけで事足りて、仮声帯を操る必要はないんだけど、そこを締めたり緩めたりすることでも声色が変わるの。

ダミ声ってわかるかな？　昔の八百屋さんは「**らっしゃいらっしゃい**」って、特徴的な声を出してたんだけど……。『ルパン三世』の銭形警部っていえば伝わるかな。

とにかく、そういう声は仮声帯をぎゅっと締めて声を出しているんだ。声優さんの中には、声帯だけじゃなくて仮声帯も使って声を変えてる人もいます。

――「声帯が七個あるので」ってそういうこと？


川原 厳密には、声帯は一組しかないんだけどね。

きっと、声帯の周りの筋肉とか仮声帯とか他の器官を使って、いろいろな声を出すことをそう表現しているんだろうね。

あとは、意外かもしれないけど、話すスピードを変えるだけでもけっこう印象って変わるんだよね。

例えば、ゆっくり話すだけで「大人っぽい」印象になったり、「怒ってる」感じが出たり。

あとは、のどだけじゃなくて、笑顔の時みたいに口角を上げると、明るい話し方になったりもするの。

人間っていろいろな器官を使って、いろいろな声を出すことができる生きものなんだよ。声優さんはそういう器官を操るのが上手なんだろうね。

この話は、次に話す話題に関わってくるから、いいタイミングの質問だった！　ありがとう！

小菅先生　あなたは声優さんになりたいっていう希望があるの？

――　昔なりたかったです。

川原　声優さんの中でも、今日話したような音声学を学んでいる人はいるんだよ。自分がどうやって声を出しているかを知ることで、演じられる役の幅が広がったりもするからね。

あとは、声優さんの演技指導をしている先生の中にも、音声学を勉強してレッスンに取り入れている人もいる。私はレジェンド声優の山寺宏一さんの演じ分けを音声学的に分析して本人に披露したことがあるんだけど、その時に褒められてうれしかった思い出があります（笑）

原始人はどうやってしゃべっていたんですか？

川原　さて、わことそらからそれぞれ「原始人はどうやってしゃべっていたの？」「原始人はどうやって会話してたの？」という同じ質問をいただきました。

実は、「人間のことばがどうやって生まれたか」はすごく難しい問題なんです。あまりにも難しくて、二〇〇年くらい前にある学会が、「言語学者は、その問題を研究しちゃいけない」って禁止のおふれを出したぐらい！　すごく昔のことだから、タイムマシーンでもないと本当の答えはわからないっていう理由もあるんだけど。でも、最近いろいろなことが推測できるようにはなってきました。まずは、ネアンデルタール人って聞いたことある？

―― ああ、絶滅した。

川原 そう、今の人間の直接の祖先ではないんだけど、まぁいわゆる原始人ね。
ドイツのネアンデル谷っていう場所で原始人の骨が見つかりました。下の図を見てみて。
右が、今の人間の大人の頭蓋骨です。左が人間の赤ち

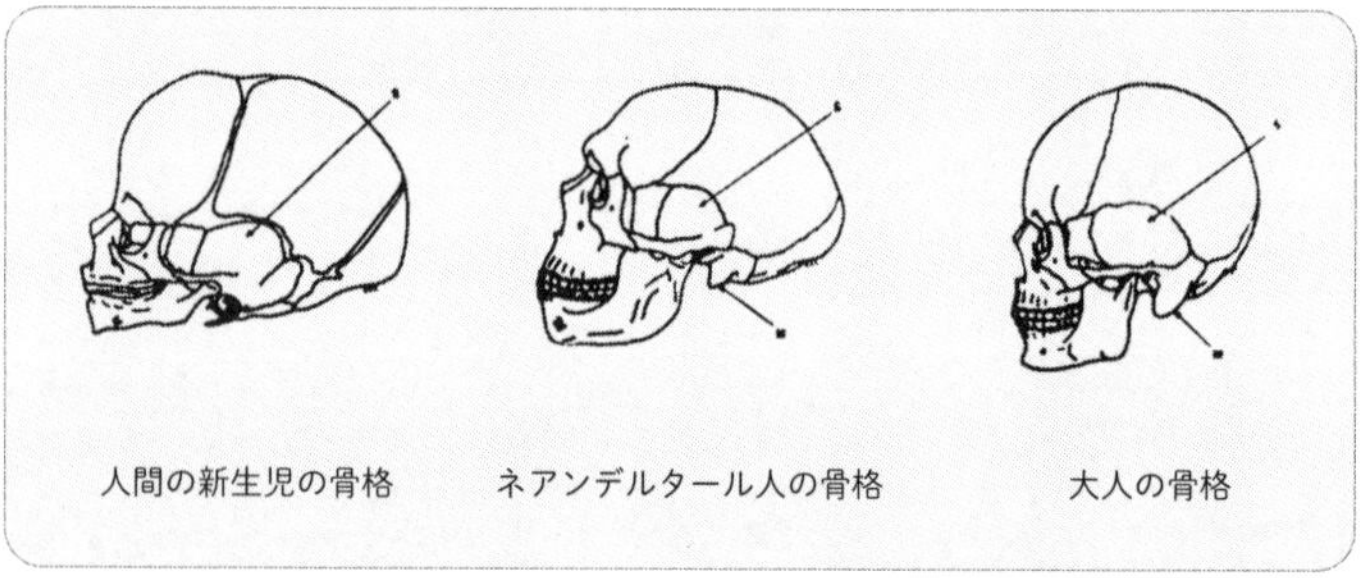

Kiparsky (2022) より引用。

ゃんの頭蓋骨。真ん中がネアンデルタール人の頭蓋骨。三つを比べてみると、どう？

——赤ちゃんは頭が大きい。

——原始人は顔が横に長い。

——原始人はサルっぽい。

——赤ちゃんの頭が原始人の頭に似てる。

川原　どれも素晴らしい着眼点だね。ネアンデルタール人は、顔が横に長くて、人間の大人のようにはあごが下にぽこんと出てないですね。

そして、どっちかっていうと、人間の赤ちゃんの骨格に似てる。

この頭蓋骨の構造から、たぶんネアンデルタール人は、現代の大人が出すような音は出せなかったんだろうと言われています。赤ちゃんが大人の出す音をすぐに出せないのと同じだね。

「原始人がどんなことばを話していたのか」っていうのはいまだにわかっていない謎ではあるんだけど、すごくおもしろい実験をしたチームがあるので、紹介しますね。

英語を話す人に「石」とか「果物」とか「よい」とか「切る」っていう意味を、声色だけで表現してってお願いしてみました。
例えば、「ア」っていう音しか使っちゃいけないんだけど、いろいろな声色は使ってもいいってこと。実際に考えてみようか。
例えば「切る」って「ア」だけで表現したらどんなになる？

――**あ　ァ　ァ**（子どもたちいろいろ試す）

川原　そうそう、そういうこと。じゃあ、大きいってどうやって表現する？「ア」だけで。

――**アアア**（子どもたちいろいろ試す）

川原　じゃあ、小さいは？

――ァ　ァ　ァ（子どもたちいろいろ試す）

川原　というふうに、いろんな意味を表現してもらったのね。一番よくできたチームに一〇万円あげますっていうコンテストを開いたのよ。これはほんとの話。そのほうがみんながんばれるから。

――今回は?

川原 今回は一〇万円あげられない、ごめんね(笑)
そこで集まった声色を別の人たちに聞かせて、その意味を推測してもらった。そしたら、一番わかりやすい声を出した人の声色って、けっこうそれぞれの意味を伝えられることが判明した。

次の実験では、この英語の人がしゃべった声色を、様々な言語の人に聞いてもらったの。
日本語を話す人とか、韓国語を話す人とか、世界中の人たちに。二五くらいの言語の話者を対象にしたんだよね。その中には、現代の西洋文明にあまりなじみのない人たちも含まれていた。
そうしたら、その人たちがどんなことばを話しているかに関係なく、けっこう意味が伝わったの。声色だけでだよ。

声色だけで「大きさ」を表現できる？

川原 私たちってことばが違うとコミュニケーションできないと思うでしょう？ それはそれで正しいのだけど、ことばを使わないで声色だけで表現してくださいってお願いしてもけっこう意味が通じたの。

——なんで？

川原 いい質問だ。オッケー。もう一回やってみよう。じゃあ、となり同士で「大きい」と「小さい」っていう意味を、声色だけで伝えるためにはどうしたらいいか、話し合ってみて。どんな作戦が出てくるかな？

——（作業）

川原 発表してくれるチーム いる？ じゃあ、みや・なつめチーム。大きいのは？

みや・なつめ 大きいのは、**アーアア**で、小さいほうは、アアアみたいな。

川原　大きいほうの「ア」は長かったし、声が大きかったね。小さいほうの「ア」は短くて、声も小さかった。

みや・なつめ　ポイントは、大きいほうが低い、小さいほうが高くなっているの。

川原　おもしろい！　じゃ、次はせな。

せな　おっきいほうが**アアアアー**で、小さいほうが、ァ。

川原　小さい時に短くしたんだね。オッケー。他に、高い・低いでやった人いる？　誰かがすごく高い声を出しているのが聞こえて、おもしろそうだったんだけど。じゃあ、今度は私がやってみようかな。アー（低音）とアー（高音）だと、どっちのほうが小さそう？

——二回目。

川原　アー（高音）だと小さいね。

実はね、小さいものって高い音を出すんだよ。逆に大きいものって低い音が出ます。たぶん、楽器をやっている人は納得しやすいと思うんだけど。コントラバスとか大きい楽器は低い音を出します。

あとは、大人のほうが子どもより声が低いでしょ。あれは、声帯が長くて太いからなんだよね。

だから、「音が低い＝大きい」っていうのは、とても自然な連想なんです。

みんながこの連想を使って「大きい」とか「小さい」という意味を表現したっていうのは、とてもすごいことだと思います。

＊補足＊
小さいもののほうが高い音を出す、というのは物理法則です。ですから、高い音で小ささを、低い音で大きさを表現するのはとても自然なことだと思います。

しかし、それでも小学生が自発的に、声の高さを用いて大きさを表現したのは、私にとってうれしい驚きでした。

声色だけで意味を表現するという新たな挑戦に、しっかりと自然法則に則った形で答えを出す。これを小学生ができるのですから、「やっぱり人間の言語能力ってすごいんだな」と感心してしまいます。

ちなみに、この話をしていて、小学校の時の思い出がよみがえってきました。担任の先生たちに確認したところ、小学校二年生の授業だったそうです。

何本かのビーカーに水を注いで、それぞれのビーカーの水の量が同じくらいになる方法を、グループに分かれて工夫する、という授業でした。自分のグループがどんな方法を考えたかは覚えていませんが、ある別のグループが「水が注がれる音で決めた」というのです。幼心に「そんな方法があるんだ」と感心しました。

これは水が注がれると、ビーカーの埋まっていない部分の体積が小さくなり、そこで鳴る音が高くなることを応用した方法です。小学生の時の思い出が大人になった自分の研究にリンクする素敵な瞬間となりました。

川原 こんなふうに、「大きい」とか「小さい」っていう意味を表すために、同じ「ア」を使ってもいろいろな表現の方法があるんだね。

声を大きくしてみたり、長く発音してみたり、声を低くしてみたり。声色を使って意味を伝えられるということがわかってきた。

しかも、さっき話した実験によると、この声色を使ったコミュニケーションは、言語が違っても成り立つものなんだね。

たぶん原始人は、このような方法でコミュニケーションを始めたんじゃないかと考える研究者もけっこういます。

―― なんかさ、いろいろと違った「ア」を出せるね。

川原 そうだね。ということは、いろいろな大きさを表現できるということだね。原始人がどんなことばを話していたかはわからない。でも、こうやっていろいろな声色を使って意味を表現していた可能性は大きいと思います。

さっき休憩時間に出てきた「声優さんはいろいろな声が出せる」っていう話だけど、人間は同じ「ア」でもいろいろな「ア」を出せるっていうことが根本にあるんだと思います。

声優さんは、それらを使い分ける能力がすごいんだけど、みんなにだってそれができるってことが感じられたかな。

ものの名前ってどうやって決めたんですか？

川原 もうほとんど終わりに近づいてきました。さて、しあがこういう質問してくれたよ。

「野菜の名前、どうやって決めてるの？」「人間っていう名前、なんで付いたの？」。
要は、しあはものの名前がどうやって決まったのかが気になってたのかな。これ、
気にしたことある人いる？

――はい！

川原　いっぱいいる。すごいね！　うちの上の娘も小学校一年生の時にこれを聞いてきたのよ。
ことばができる前って単語がなかったわけじゃない。だからどうやって決まったんだろうって。すごい不思議だよね。
みんな、今日家に帰ったらこの質問をご両親に聞いてみてください。たぶん困ると思う。困らせてあげてください。

で、この難しい問題ですが、答えはまだありません。でもお伝えしたいことはいくつかあります。

まず、聖書って知っている人、どれぐらいいる？　一ページでも読んだことがある人っている？

――はーい。

――読んだことはないけど見たことはある。

あける　ミサに行った時に聞いた。

川原　ミサに行ったんだね。

聖書っていうのはキリスト教の人が読む本なんだけど、別に私はキリスト教を宣伝したいわけじゃない。キリスト教を信じなさいと言うつもりもまったくない。

でも、キリスト教って信じている人が世界中にいて、人数もとっても多いんだよ。みんながプリキュアやポケモンを見て育っているように、聖書がもとになった物語を聞いて育っている人って世界中にいっぱいいるの。日本にいるとあまり感じないかもしれないけど、日本を出るといっぱいいます。

聖書は世界で一番多く読まれている本でもある。だから、日本の子どもたちにも聖書をちゃんと読んでほしいなっていう思いもある。キリスト教を信じなさいっていうことじゃなくて、聖書を知っていると世界中のいろんな人とお話しがしやすいですよっていうアドバイス。

もう一つは、こういうキリスト教や仏教とかの本って、すごく大事な質問、簡単に答えが見つからないような問いに関する考えが入っているの。

例えば、世界はどうやって生まれたのか、人間はなぜ生きているのか、ものの名前はどうやって決まったのか、とか。

たぶん科学技術がどんなに進歩しても解明できない、でも人間にとってはとっても大事な質問が詰まっている。

聖書の一番初めに、世界がどうやってつくられたのかを説明した「創世記」っていう物語があるんだけど、その中で名前がどうやって決まったかが書いてあります。

神である主は、あらゆる野の獣、あらゆる空の鳥を土で形づくり、人のところへ連れて来られた。人がそれぞれをどのように名付けるか見るためであった。人が生き物それぞれに名を付けると、それがすべて生き物の名となった（創世記二章19節）。

つまり「人が名前を付けた」ってことになっている。この人は誰かというとアダムとイブのアダムです。アダムとイブって聞いたことある？

――最初に生まれた人？

川原　そう、最初に神がつくった人ね。それで神様が、動物とか鳥を連れてきて、アダムに名前を付けさせたら、名前が決まったって書いてあるの。たぶんこの聖書の説明は、個人的には間違っていると思う。アダムはいなかったし、一人の人間が名前を全部決めたわけじゃないだろうと思う。それにアダムが決めたにしても、アダムが何をどう考えて名前を決めたかまでは聖書に書いてない。

大人を困らせる質問をしてください

川原　とにかく答えは出せないんだけど、みんなが疑問に思ったことが、こういう本の中に書いてあるっていうことがすごく大事なことなの。聖書に書いてあるってことは、人間がずっと考えてきたことだってこと。そしてさっきも言ったけど、聖書が世界に与えている影響ってすごく大きなものだから、ここで引用した聖書の部分を知っている人も多いんだよね。

聖書に出てくるような質問を、今回みんなが寄せてくれたってことがすごく私はうれしかったのね。

だから、答えはあげられません。なんてったたって正解はわからないから。

だけど、その質問をしたという事実自体がすごいってことをわかってほしいし、その疑問を持つ気持ちっていうのを忘れないでほしい。


これも大事なメッセージだから伝えたいんだけど、みんなには大人が困る質問をし続けてほしい。大人が困る質問って、「答えがない質問」だから困っちゃうのね。

だけど、研究者を続けていて思うことは、答えがないことを考えることが一番大事だってこと。答えがすぐ出ちゃう問題って考えてもつまらない。

だからみんなが「ものの名前ってどうやって付けたんだ」って疑問に思うことは、すごく大事なことだと思う。

それを「答えがわからないから、議論しちゃいけない」なんて禁止するのは言語道断だよね。

たぶん、答えのない質問を投げられると「そんなのわかんないよ」って返しちゃう大人も多いと思うんだけど、そこでめげないで、とことん大人を困らせてほしいと思う。もちろん、大人になっても答えがわからない疑問に挑戦する気持ちを忘れないでね。

私はみんなの親じゃないから無責任なことを言ってるのかもしれないけど（笑）、でも大事だと思うんだ。

レベルアップ6

結局、ものの名前はどう決まったの？

「人間の言語はどのように生まれたの？」そして「ものの名前はどうやって決まったの？」という問いは、古今東西、様々な人が疑問に思い、様々な仮説が提示されてきました。例えば、ギリシャの歴史家ヘロドトスは、エジプトのプサメティコスがおこなった言語の起源を確かめるための実験の報告をしています。

彼は、生まれたばかりの双子の赤ちゃんを誰もしゃべらない環境で育てて、どのような単語を自然に発したかを観察したと伝えられています。結果はフリギア語という言語の単語を発したとされていますが、これはおそらく作り話でしょう。このような実験は、倫理的に許されることではなく再実験での検証は不可能ですが、現実世界で不幸にも人間言語が周りで話されていない環境で育ってしまった子どもは、のちに言語を習得することが非常に難しいことがわかっています。

人間が言語を習得するためには、赤ちゃんの頃から周りの大人たちに話しかけてもらうことが大事なので、自発的に何かの言語を発しだすということはありません。

また、授業でも触れましたが、旧約聖書には「どのように単語の名前が決まったのか」という疑問に対する仮説が述べられています。その仮説とは「アダムが名付けた名前が単語の起源である」というものです。

現代の日本では、聖書などの宗教的な本に書かれていることを「非科学的」と断じる風潮もありますが、それらの書物には古代の人たちの思索の結果が詰まっているという側面を忘れてはいけません。

どんなに科学技術が進歩しても答えられない問題は存在します。そのような問いと向かい合った結果が聖書や仏教の経典に載っているのですから。

古代ギリシャの哲学者プラトンも『クラテュロス』という対話の中で、ものの名前がどのように決まったかを議論しています。

対話の主人公の一人であるクラテュロスは、それぞれのものに本来定まった「正しい名前」があるという立場をとり、もう一人のヘルモゲネスは逆に、「名前とは、人々がそう呼ぼうと約束しただけだ」という立場をとります。その議論をソクラテスが仲介するのですが、ソクラテスはどちらかというと前者の立場をとります。

ソクラテスの議論展開はおもしろいもので、彼は、まず一般論として、道具というもの

は、その用途に適した形をしていることを指摘します。確かにトンカチは、釘を打つため
に先端部分が重くなっています。包丁はものを切るために、刃が付いています。で
そして、ソクラテスは「言語とは、対象となるものを模す道具である」と考えます。で
あるならば、言語の音はその対象を模すのに適しているはずで、「名前の由来は、その性
質を音で模したものである」という結論が得られます。また彼は個々の音に対しても意味
があることを論じ、例えば、［i］は「細やかな」、［o］は「丸まった」、［s］は「風」
など様々な具体例をあげています。

このような音と意味の関係は、現代の言語学や心理学の実験的研究で明らかになってき
た観察ですが、二五〇〇年以上前にソクラテスはすでにそれらを論じていたのですから、
驚きです。

ソクラテスが考えたような、音が意味を直接的に表す現象を、現代の言語学では「音象
徴」と呼びます。

音象徴は、私の研究テーマの一つで、近年の研究では様々な言語の話者の音象徴的な感
覚が分析されています。人間という種族が言語や文化の違いを超えて共通した音象徴感覚
を持っているという可能性も示唆されています。

特に、授業でも述べたように「濁音＝大きい」という感覚は、濁音を発音する際の生理

学的な反応に基づいています（↓5時間目）。

ですから、このような音象徴的な感覚が、言語に関わらず共通のものであっても不思議ではないと考えています。

しかし、人間言語における単語がすべて音象徴的かと言えば、そうでもないでしょう。

実際の単語を眺めてみると、すべての単語において、その音によって意味を模しているとは考えにくいからです。

例えば、「つくえ」でも「いす」でも、これらの音がそれぞれの物体を模している、というのは無理がある気がします。『おかあさんといっしょ』の曲の中に『イカ　イカ　イルカ』というものがあるのですが、その中で「イカとイルカはにていても　かおやスタイルにているか」という歌詞があります。名前が似ていても、それらが指し示す対象はだいぶ異なることを歌っています。ヘルモゲネスがこの歌を聴いたら喜ぶでしょう。

このように音と意味に明確なつながりがないことを「恣意性《しいせい》」と呼びます。

イギリス経験論の父として知られる哲学者ロックや、近代言語学の父であるソシュールが、言語における音と意味のつながりの恣意性を強調したことで有名です。

中国の戦国時代（BC二〇〇〜四〇〇年頃）の荀子《じゅんし》も似たような主張をしていることが知

られています。

確かに、すべての単語の名前が音象徴的に決まっているとすれば、すべての言語が同じものに対して同じ名前を付けるはずで、現実世界はそのようになっていません。

どちらの主張が正しいのかは議論が続いていますが、私としては両方とも言語の重要な側面を捉えていると考えています。

というのも、プリキュアやポケモンの名前分析を紹介した時に触れたように、あくまで統計的な傾向ではありますが、その対象を指し示すのに適した音というのは確かに存在しそうです。

そして、ことばを覚えようとしている赤ちゃんの立場になってみると、音と意味のつながり（つまり音象徴）が言語習得の助けになることは容易に想像がつきます。赤ちゃんは何にどんな名前がついているのかまったく知らない状態から、母語の単語を覚えなくてはいけないわけですから。

最近の研究では、幼児が早期に習得するような基本的な語彙には、音と意味の音象徴的なつながりが強めに観察される傾向にあることがわかってきています。

また、日本人の大人は赤ちゃんや小さな子どもに「もぐもぐ」「ちゃぷちゃぷ」「ちゅるちゅる」などのオノマトペを多用しますが、これらの語彙は音が意味を表しているという点で音象徴的で、言語習得の手がかりになるという説もあります。

オノマトペを多用するのは、音象徴によって子どもの言語習得を助けようとする大人の愛情の現れなのかもしれません。

ことばをまだ理解していない赤ちゃんに、なんとか自分の意図をわかってもらうために、音から意味を推測しやすいオノマトペを用いたくなる気持ちは、私自身も子育ての中で強く実感しました。

子育て中のご両親や保育関係の方々の中には、子ども相手に「もぐもぐ」「わんわん」などの単語を使うのが「恥ずかしい」とか「子どもに対して失礼だ」と感じてしまう人もいるらしいですね。

また、どうせ「食べる」や「犬」という単語を覚えるのだから、オノマトペの使用は教育的にもよくないという意見まで聞いたことがあります。

しかし、このような音象徴的なことばは、言語習得を助ける大切な道具ですし、成長した子どもは「わんわん」と「犬」を適切に使い分ける能力をちゃんと身につけますので、遠慮なく使ってほしいと思います。

このように、音象徴というのは人間言語にとって非常に重要な性質ではあるものの、同時に、言語全体としてみると、音と意味のつながりは恣意性を持っています。

なぜかというと、人間が使う音の数には限りがありますから、それぞれの意味に適した音だけで単語をつくるとしたら、単語の数はとても限られてしまいます。

また「正義」や「真実」などの抽象的な概念は、その意味を音で模すことがそもそも不可能です。ですから、子どもが成長するにしたがって多くのものや概念に名前を付ける段階になった時、恣意性という性質がとても便利に働くのです。

言語習得の初期段階では音象徴が大きな役割を担い、ある程度言語を習得した段階になると、恣意性を駆使して、多くのものや抽象的な概念にも名前を付けることができる。人間言語はこういう二重構造を持っているのではないか。こう考えると、人間言語とはとてもよくできていると感じませんか？

私は専門家として研究すればするほど、人間言語が非常に素晴らしくデザインされていると日々感じています。さらに、このような素晴らしい言語を操って生きている人間という存在に畏敬の念すら感じます。

7時間目

世界と日本の多様なことば

いよいよ最後の話題です。

「なんで違うことばが存在するんですか？」「日本の中でも方言が違うのはなぜ？」。授業の前に寄せられたこれらの質問を読んだ時に、私は生徒たちが「方言が違うと不便じゃないですか？」というネガティブな気持ちを持っているのかと少し心配になりました。私としては言語の多様性を受け入れることは非常に大事なことだと思っています。ですから、この授業を受けてくれた生徒たちがこれからの日本をつくり上げていくにあたって、もっとも大事なメッセージになるかもしれないと思い、この話題を最後に取りあげることにしました。

世界のことばは、なんで同じじゃないんですか？

川原　じゃあ本当に最後の話題。さっきの休憩中になぎが「原始人の時って世界共通のことばがあったんですか？」って聞いてくれたんだけど、どうだろうね。正直わからない。
でも、この問題を考えるためのヒントになるようなことは後で紹介するね。現代の世界のいろいろなところで使われている言語たちの共通の祖先があるかもしれない、という話。

あと、なぎは事前にもこんな質問をしてくれたんだ。「世界のことばは、なんで同じことばじゃないの？」。さやはも「なんで関西弁があるの？」「岩手のおじいちゃんのしゃべり方が違う、なんでですか？」。これ、不思議に思った人、どれくらいいる？

――はーい（ほとんどが手を挙げる）

川原　「なんでいろいろな言語があるの？」っていう疑問も、人々が昔から不思議に思っていたみたいで、さっきお話しした旧約聖書っていうキリスト教の人が読む本に出てくるんです。「バベルの塔」っていうんだけど聞いたことある人はいる？　どんな話だか知ってる？

そら　ある！　人間が天に届くすごく高い塔をつくろうとして。それを神様とか天使たちがダメだよって言ったのに聞かずにつくり続けたから、神様はそれを壊してみんなを違うことばにしちゃった。

川原　そうそう。素晴らしいね。読んだ？　聞いた？

そら　前、美術館に行った時にあって、お母さんが教えてくれた。

川原　いいね！　有名な話だから絵の題材にもよく使われているし、それだけ多くの人が知ってる話なんだ。まさにそらが言ってくれたように、人々が協力して天まで届く塔を建てて自分たちも天界に行こうとしたんだね。そしたら、神様は怒ってその塔を破壊しました。

なんで人間たちはそんな大それたことができたかっていうと、みんなが同じことばを使って協力できたからだ。だから、協力して天に届くなんてことを考えないように、神様がことばをばらばらにしたっていう話です。

これも、さっき紹介したアダムがものに名前を付けた話と同じように、たぶん本当

「バベルの塔」（作：ピーテル・ブリューゲル）

にあった話ではないんだけども、大事なのは、「なんでことばが違うのか」っていう疑問も、人類がずっと考えてきた問題だっていうこと。

だから、みんなが同じ疑問を持つのは自然だし、これからもずっと考え続けてほしいって思います。

あとは、個人的には、「ことばが一緒で協力できる」ってすごく大事なことだよねっていうメッセージも、バベルの塔のお話には隠れている気がする。

ことばが一緒で協力できたからこそ、神のところにたどり着こうとしたわけだから。みんなで協力するって大事だよね。当たり前のことだけど、人間ひとりじゃ何もできない。協力してこそ生きていられるんだよね。

ことばは常に変化するもの

川原　じゃあ、私なりに「なんでことばは違うんですか」っていう疑問に答えて、今日の授業を終わりにしようと思います。
まず、ことばって変わるのよ。たぶん私がしゃべってる日本語とみんながしゃべってる日本語ってちょっと違うと思う。この和光小学校の中で流行ってることばとかない？

――ない。

川原 そっか（笑）。和光の中にいたら、和光だけで流行っているかどうかなんてわからないよね。

じゃあ例えば、自分のこと「うち」って言う人、どれくらいいる？

――言ったりするわ。

川原 言ったりする？　私は言わないんだ。「うちは〜〜」って言うと、例えば川原家の話とか田中家の話に聞こえちゃう。だけど、みんなは「私」っていう意味で「うち」って使うでしょう？

あとはね、私が学生だった時は「全然ＯＫ」って言うと怒られてた。「全然」は「〜ない」と一緒に出てこないとダメだって。でも、今では「全然ＯＫ」って全然ＯＫだよね。

こういうふうにことばってちょこちょこ変わっていくの。

たぶん、みんなのおじいちゃん・おばあちゃんが話す日本語と、みんなが話す日本語ってけっこう違うんじゃないかな。いつか機会があったら、注意深く聞いてみてごらん。

あとは、日本語では、男の人と女の人でしゃべり方が違ったりするじゃない？

――「俺」とかは男の子のほうがよく使う。

川原 そう、いい例だね。

どうやって話すかっていうのは、自分がどういう人なのかを積極的にアピールする道具でもあるわけ。服と一緒だ。自分の好きな服とかあるでしょう？

どうやって話すかによって、自分がどういう人間であるかを表せるの。話し方って自分を表現する道具の一つなのね。ちょっと難しいことばで言えば、自分の「アイデンティティ」なのよ。

それから、人間は話し方そのもので自分の感情や相手との関係性を伝えていることがわかってきた。

どういうことかっていうと、「私はあなたが好きですよ」ってことばにして伝えてもいいんだけど、声の出し方、つまり声色でも、同じようなメッセージが伝わるわけ。同じことばを発していても、声の出し方で優しさとか、逆にイライラが伝わってきたりするでしょ？

あとは、声の出し方だけじゃなくて、どんな単語を使うかもけっこう大事なの。例えば、普段名字で呼んでいる人を名前で呼ぶ時ってドキドキするじゃない？ 小学生だとあんまりそういう経験はないか（笑）。とにかく、それは「あなたとの距離を縮めたい」っていう思いがこもっているからなの。そのメッセージが伝わるから、急に名前で呼ばれたほうもドキドキするんだよね。

今日はずっとみんなのことを名前で呼んでるけど、それはやっぱり、今日は私がみんなと「仲間」としてお話ししたかったから。でも、誰でも名前で呼べるかっていうとそうでもない。ちゃんと距離をとるために、名字で呼ばないといけない相手もいるわけよ。

何が言いたいかっていうと、こういったいろいろな感情を表現するためにも、いろいろな声の出し方やことばの選び方が存在するわけ。そのためにも、いろいろな話し方が必要なんだね。

だから、単純に「日本語」って言っても一つに固定されたものじゃなくて、そのせいで、ことばって常に変わっていくものなんです。

そこで、あるグループの人たちと別のグループの人たちで交流がなくなっていくと、もともと同じことばを使っていたとしても、それぞれのグループで言語がそれぞれに変化していっちゃうんだよね。

そして時間が経っていくと、お互い通じないほど変わって、別の言語になるんだ。

世界各地で話されている言語の共通祖先

川原　こういうような、ことばの変化を研究する学問があって、すごいことがわかってきました。

今世界中のいろいろなところで話されている言語は、もともと一つの言語だったたってことが判明したんだ！　次ページの図を見てみようか。

ヒンディー語やベンガル語は、今でいうインドあたりで話されていることばだね。英語、ギリシャ語、フランス語、ドイツ語なんかは、ヨーロッパの各地で話されている。

この図に含まれているのはそれだけじゃなくて、東欧諸国で話されているポーランド語やさらに東で話されているロシア語。北のほうにいけば、北欧のノルウェー語やスウェーデン語、それに、アフリカの大陸で話されている南アフリカ語まで入ってる。

これらの言語って今は全然違うことばで、お互いしゃべっても通じないんだけど、歴史をたどっていくと、もともと一つのことばだったことが判明しました。

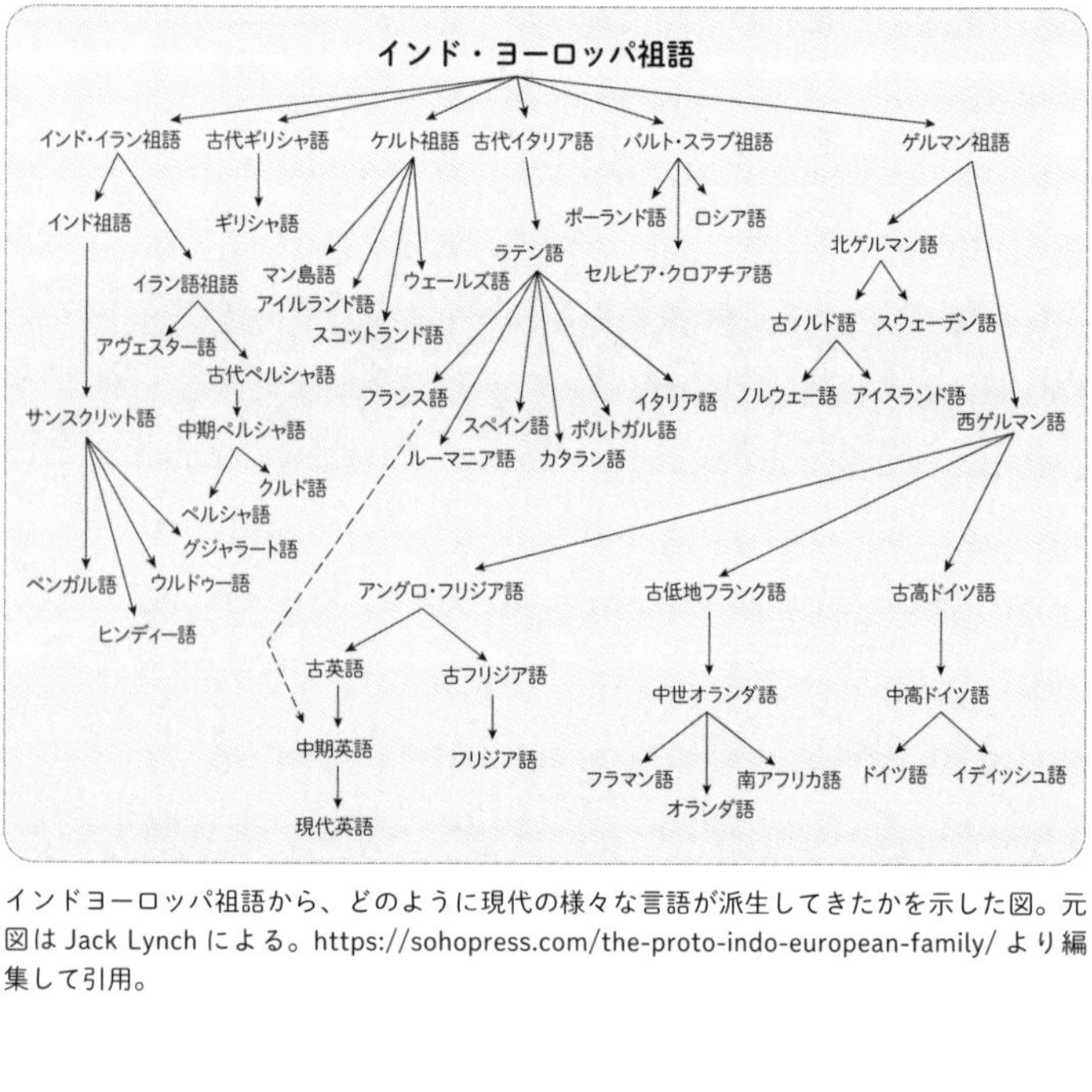

インドヨーロッパ祖語から、どのように現代の様々な言語が派生してきたかを示した図。元図はJack Lynchによる。https://sohopress.com/the-proto-indo-european-family/より編集して引用。

岩手のおじいちゃんのしゃべり方が違うのはなんでですか？

川原　これと同じことが、日本の内部でも起こっていることがわかっています。六年生は沖縄に行ってきたでしょう？（注：和光小学校では、平和学習旅行として沖縄に行く）。これから行く人もいると思うから、沖縄の歴史やことばも知っておくといいと思います。六年生は、沖縄のことばに触れてきた？　どんなのがあった？

――シーサー。

――めんそーれ。

――ゆんたく。

川原　そうだね、シーサーもたしかに沖縄のことばだ。シーサーは沖縄の置物だからね。「めんそーれ、沖縄」って、看板とかでよく見かけるよね。「ようこそ」っていう意味かな。ゆんたくってどういう意味？

——おしゃべり！


川原　というふうに、沖縄には独特のことばがあります。

でも、沖縄の中だけでもいろいろな言語があるんだよね。みんなが行く沖縄本島の言語もあるんだけど、例えば、宮古島に行くと、本島とは違う方言を話している。

それに、奄美大島《あまみ》っていう、鹿児島に近いほうに行くとまた別のことばがある（注：奄美は県としては鹿児島県に属するが、言語系統としては沖縄の各方言を含む琉球方言に含まれる）。奄美の中でも北の地域と南の地域でことばが違う。

左ページの図を見てみようか。これは九州と琉球地方でどのような方言が話されているかのと、その歴史を示したものです。沖縄と九州の方言だけで、これだけいっぱいあるのね。

そう考えると日本語の方言もすごい種類があることが伝わると思います。

みんな、方言は好き？

川原　じゃあ、岩手のことばとか関西弁とか、みんな、好き？

――好きー！　関西弁が好き。

川原　なんで好きなの？

――なんかかわいいから。

みあ　普段自分が言わないことばだから。

川原　普段自分が言わないことばだから好き。これ、素晴らしい考え方だと思います。

なつめ　自分たちが使ってることばに似てるんだけど、ことばがちょっと違ったりしておもしろいことばとかになったりするから、すごいおもしろい。

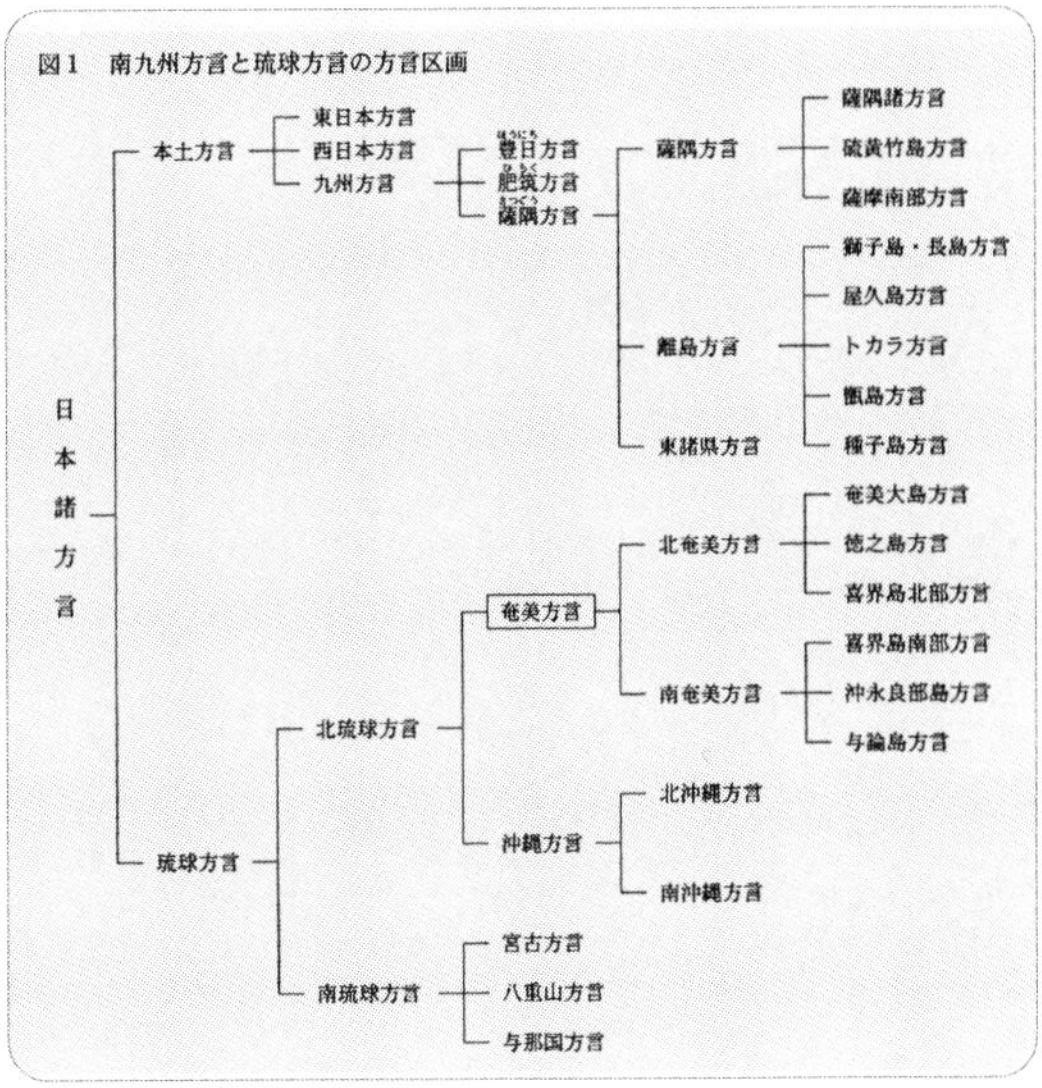

琉球諸方言と九州諸方言。木部（2004）より引用。

川原　いいね。自分たちと違うからおもしろい。

――みあとなつめにもちょっと似てるんだけど、自分の触れたことのないことばを知れるというか、聞けることがいい。

川原　素晴らしいね。自分が知らないことば、触れたことのないことばだからいい。その気持ちをずっと忘れないでほしいな。でもね、実は日本っていう国は、この素晴らしい方言たちをなくそうとしていた時期があるんですよ。

江戸時代が終わって明治時代が始まりました。明治時代が始まった時に周りに強い国がいっぱいいました。アメリカがいた。イギリスがいた。中国がいた。オランダがいた。ロシアがいた。そんな国々に日本が一丸となって対抗するために強くなるぞっていう政策をとったんだよね。その政策を「富国強兵」っていうんだけど。そのためには、さっきのバベルの塔の話みたいに、方言をやめて一つのことばをつくりましょうって言いだした。こうして、日本の政府は方言を禁止したんです。どれだけ極端なことをしたかっていうと、例えば鹿児島では、方言札っていうのを使って、鹿児島弁を使ったら「私は方言を使いました」っていう札を掛けて廊下に立たされてたっていう話を、聞いたことがある。方言札は、東北や沖縄でも使われてたことがあるらしいです。私は、こういう方言の多様性を禁止するような政策は間違っていたんじゃないかと思っています。百歩譲って、明治時代には日本という国を守るために必要だったのかもしれないけど、今でも方言を馬鹿にするような風潮が残ってるじゃない?「なまっている」って言って、からかったり、馬鹿にしたりさ。でも、少なくとも現代では、こういう態度は時代遅れな考え方だと思います。

だから、みんなが「方言好き」って言ってくれたのがすごくうれしかった。事前に質問を募集した時に「なんでことばが違うの?」って質問があったから、みんなの中に「違うと不便じゃない?」っていう気持ちがあるのかなと思ったけど、そうじゃなかったのかな。だったらいいなと思います。

「どんなことばを話すか」っていうのは「自分がどんな人か」っていうことを表す方法の一つだから、それが一つになっちゃったらつまらないじゃない?もっともっと言語の多様性を大事する世の中になったらいいなって、私は思っています。

はるま　あんなにいろんな方言があるのに、僕が知ってるのは一つのことばだけ。それは明治時代に方言をしゃべったらいけないと言ったのが影響してんのかな。

川原　そうそう、そういうこと。明治政府が標準語っていうのをつくっちゃったんだよね。その影響で方言をしゃべる人が少なくなっちゃって。最近ではテレビとかメディアの影響もあって、ますます方言を話す人が少なくなっています。どこの地方で育っても、メディアで流れている標準語が普通に聞ける時代になったからね。

でも、方言がどんどんなくなってしまうというのは、すごく残念だよね。

もし「自分がなまっている」って悩んでいる人がこの中にいたら、そんな悩みは間違っているって知ってほしいし、もちろん、方言をからかうなんていうのはもってのほか。それから、これから生きていくうえで、自分の方言に悩んでいる人に出会ったらちゃんと励ましてほしいと思います。

これが私からの最後のメッセージです。

今日はありがとう！　楽しかったよ。ぜひ、感想を聞かせてね。

レベルアップ7

ことばの多様性を大事にするということ

子どもたちへの最後のメッセージは「ことばの多様性を大切にすること」でした。これからの日本を担う子どもたちへ向ける、もっとも大事なメッセージだったかもしれません。現代の言語学者は、すべての言語は一様に価値を持っていて優劣は付けられないという信念を持っています。

そんな言語学の観点からは、今の日本において言語の多様性が十分に大事にされているかというと、そうでもない気がします。

方言を話すことで「なまっている」などと笑いの種にすることもまだまだよく目にしますから、そのような場面に出くわすと言語学者としては悲しい気持ちになります。

ただし、方言に対して非寛容的な態度を取っていたのは日本だけではありません。

例えば、アメリカでは黒人差別と結びついて「黒人が話す英語は非論理的だ」という誤解がまかり通っていた時代があります。裁判において、黒人女性の証言が

「彼女の英語は非論理的だ」という理由で採用されなかったという事例もあるそうです。

しかし、これは大きな誤解です。多くの黒人たちが使う英語が、アメリカの報道機関で使われるような英語と異なっていることは確かです。

しかし、黒人が使う英語も独自の規則を持った言語であることが、言語学の研究から判明しています。

余談ですが、「黒人英語」という呼び名自体差別的な含みがあるとして、言語学の世界では「アフリカ系アメリカ人の英語」と呼ぶことが一般的になっています。

同様に、私は「標準語」という呼び名を好みません。他の方言が「非標準＝劣った」という考えにつながる可能性があるからです。

ですから、私を含め多くの言語学者が「共通語」または「東京方言」という呼び名を使うようにしています。

『マイ・フェア・レディ』というイギリスが舞台となった映画があります。

この映画では、オードリー・ヘップバーン演じるイライザが、庶民の「汚い」方言から脱却して「きれいな」英語を身につける音声学的な訓練を受けるシーンが見られます。

音声学者としては非常に興味深い場面ですが、この映画の背後にも「汚い英語」と「美しい英語」という差別的な価値判断が潜んでいることを考えると、正直少し残念なところでもあります。

ただし、『マイ・フェア・レディ』は、当時の階級社会やそれに伴う言語差別への風刺としても鑑賞できますから、その点では原作者のバーナード・ショーも私と同意見だったのかもしれません。

言語学の歴史を振り返ってみても、ある特定の言語が別の言語よりも優れていると断じるような主張も昔は珍しくありませんでした。

特に一九世紀頃には、ダーウィニズムの影響もあり、ヨーロッパに存在している言語のほうが、日本語や中国語のような言語よりも「進化した＝より優れた」言語であると考える学者もいました。この考え方は、当時の差別的な白人至上主義と関連があった可能性は高いと思います。

コロナ禍において、このような言語差別的発想が現実問題として浮かびあがってきた事件もあります。

二〇二〇年のコロナ禍初期のころ、日本のワイドショーで「欧米での感染拡大が日本に比べて深刻であるのは、英語の無声破裂音の発音時に、空気が多く流れるからだ」という説が紹介されたのです。

この説は音声学的にはまったく根拠のないものですが、さらなる問題は、この説の背後に「英語はウイルスを拡大させてしまう危険な言語である」という差別的な思想が潜んでいたことです。当然のことですが、英語話者からは大きな反発がありました。

言語学者は、すべて言語は一様に価値を持ったものであるという信念を持っています。この信念から、方言や他言語に対する寛容性に加えて、二つの論理的な帰結が導かれます。一つ目は、「ことばの乱れ」というものは存在しないということです。よく若者たちの話し方や言葉遣いに対して眉をひそめる人がいます。例えば、「食べられる」を「食べれる」とするような「ら抜きことば」や、「了解」を「り」と略すような省略形に、批判的な意見が聞かれます。

最近も、若者ことばの省略形に関してインタビューを受けた時に、私がそれを「分析対象として純粋に興味深い」と発言したところ、「先生には叱ってもらえるものだと思っていました」と返されたのが印象的でした。しかし、若者ことばが劣っているという言語学的な根拠はありません。

ただし、どんな時でも好きな言葉遣いをしていいのかと言われれば、それはまた別問題です。

言語学者でもあり小説家でもある川添愛先生のことばを借りると、言葉遣いというのは服のように自由に選べるべきものなのです。友だちと出かける時には、カジュアルな服装が好ましいように、友だちと話す時には、省略形などを用いたカジュアルな話し方も許されるべきですし、そのほうが心理的な親近感を表しやすいという利点もあります。

しかし、かしこまった場ではそれなりの服装が求められるように、「ちゃんとした」言葉遣いが求められることもあるわけです。

重要なのは、同じ日本語でも様々なスタイルがあることを意識し、状況によってしっかりと使い分けるということでしょう。

関連して、ことばの多様性を大切にするからといって、言語内の軸となるような「共通語」を持ってはいけない、というわけでもありません。

例えば、日本語の多様性を保ちつつも、その中に共通語として、NHKのアナウンサーが話すような言語があることも必要だと思います。国家としてまとまるためには、共通した言語を持っていたほうが便利であることは確かですし、共通語があることでより多くの人がコミュニケーションをとれるのであれば、その利点は無視できません（↓より詳しくは対談233ページ参照）。

また、ＮＨＫのアナウンサーは必ず、まず地方で経験を積むらしく、ＮＨＫが東京中心主義を掲げているわけではまったくないということを付記しておきます。

さて、「すべての言語は同等に素晴らしい」という命題のもう一つの論理的な帰結は、言語習得途中の子どもたちがつくり上げる独特の言語パターンも、また一つの言語体系として、大人の言語と同様の価値を持つものである、ということです。

実際に子どもたちがつくり上げる発音の変化は、大人の言語でも観察される現象と似ていることを論じました（↓3時間目）。

子どもの言語と大人の言語を同等に扱うことには異論もあるとは思いますが、私が子どもの言い間違いを「間違い」とみなさないのは、この信念とも関係しているのだと思います。「子どもたちの話す言語にも規則がある」ということを知った時、我々は「子どもたちは、自分たちができることができない劣った存在である」といった考えから解放されて、彼ら・彼女らにもっと敬意を持ちつつ接することができるのかもしれません。

少なくとも私自身は自分が子育てをする中で、この気づきを得ることができました。

まだまだ質問に答える

放課後

授業の時間は限られていましたから、事前に寄せられたすべての質問に答えることはできませんでした。

せっかくですから、今までに紹介しきれなかった質問を紹介していきます。

これまで扱ってきた疑問に加えて、小学生たちが、どのようなことを知りたがっていたのか見ていきましょう。

感情をことばにすると二文字が多いのはなんでですか？例えば「ぐろっ」「きしょっ」「きもっ」「まずっ」「うまっ」「にがっ」など。（わこ）

様々な言語で見られる現象なのですが、日本語では、単語を省略する現象が広く観察されます。わかりやすい例が、愛称です。

例えば、「まさこ」という人の名前に「ちゃん」を付けて愛称をつくってみましょう。「まーちゃん」「まっちゃん」「まさちゃん」「まこちゃん」などいろいろな可能性が考えられますが、基本的に「二文字＋ちゃん」に省略されます。

他に、日本語では「キラキラ」や「ポツポツ」などのオノマトペ表現（擬態語・擬音語）が多く使われますが、これらも二文字が繰り返される形が基本になります。

わこがあげている例でも、二文字の形容詞が感情を表していますね。

ちなみに、「きしょっ」のような例もあることを考えると、「二文字」といった場合、小さい「ゃゅょ」は含まれません。このため、本当は「二文字」ではなく「二拍」という単位を使ったほうが正確です。

ここで、質問であげられた例を考えてみると、「グロテスクな」から「グロ（い）」、「気色悪い」から「きしょ（い）」、「気持ち悪い」から「きも（い）」というように、「二拍＋い」という形に省略されています。

また、他の形容詞（「うま（い）」「にが（い）」「まず（い）」）も「二拍＋い」という形が多いです（「きたな（い）」「おもしろ（い）」などの例外はありそうですね）。

もしかしたら、「二拍」というのは、感情を表すために有効なリズムなのかもしれません。

その証拠として、「キモい」に関しておもしろい観察があります。「気持ち悪い」という表現には「気分が悪い（吐きそう）」と「見ていて不快な感情がする」という二つの意味がありますが、それを縮めた「キモい」という表現には後者の感情を示す意味しかありません。これはわこが発見した、「二拍は感情を表すのに適している」ということと整合性があるように思えます。

また最後についている「っ」の意味も興味深いですね。

感情の瞬間性や鋭さを表しているように感じられます。「うわっ」や「げっ」のような驚きを表す表現や、「ぴかっ」や「ぱちっ」などに現れる瞬間性を表す「っ」に意味が似ています。

音声学的には、このような「っ」は前の母音を瞬間的に終わらせる作用を持っているので、この作用が「瞬間性」という意味に結びついているのかもしれません。

なんで先生の名前を縮めて呼んだら失礼なんですか？

省略形に関連して、小学生の時のこんな思い出がよみがえってきました。

それまでは、和光の生徒たちは、先生たちのことを「XXせん」という二拍に縮めた愛称で呼んでいました。

例えば、藤田先生だったら「ふじせん」ですね。ただ、全校集会で「この呼び名は失礼なので、やめましょう」という話になりました。

当時は考えもしませんでしたが、言語学者になった現在、なぜ縮めた名前は失礼なのか考え直してみると、おもしろい説明を思いつきました。

「発音する」ということは声を出して口を動かす必要があるので、それなりの労力を要します。縮めるということは、その労力を減らすということです。ですから、「名前を呼ぶ労力を惜しむ」ということが「失礼」と感じられるのでしょう。

目上の人に挨拶する時に、立ち止まらないで（＝労力を惜しんで）挨拶することが失礼と感じられることと似ています。

逆に、縮めた愛称を使う時は、名前の短さで心理的な距離の近さを表現しているのでしょう。ポケモンの名前が長くなると強く（つまり、近寄りがたく）なる印象を受けることの裏返しで、名前が短くなると親しみが湧きます。

関連する話として、会社で働く従兄弟からこんな愚痴を聞きました。曰く「最近の若者は、仕事の連絡の時にスタンプで返事をする。ちゃんと『わかりました、どうぞお願いします』くらい自分で打て」とのこと。

若者からしてみれば、スタンプに「わかりました」と書いてあれば、それで必要なメッセージは伝わると思うのでしょう。メッセージの伝達「だけ」を考えれば、その考えは正しいです。

しかし、先述した「発音することに労力がかかり、その労力を惜しむことを失礼と受け止める人がいる」ということを考えると、「メッセージを打つことに費やす労力を惜しむことは失礼だ」と思う人がいてもおかしくはありません。

かくいう私も、今年のお正月の挨拶をスタンプで済ませることには抵抗を感じました。

逆に、より長い表現を使うことで丁寧度が増すということもあります。

次の例を考えてみましょう。

●よろしくお願いいたします。
●どうぞよろしくお願いいたします。
●何卒どうぞよろしくお願いいたします。
●お手数をおかけいたしますが、何卒どうぞよろしくお願いいたします。

●たいへんお手数をおかけして恐縮ですが、何卒どうぞよろしくお願い申しあげます。

これらの表現は、すべて「お願い」をしているという点でコアになる部分の意味はまったく一緒ですが、表現が長くなるにつれ、丁寧度が増します。

ことばというものには、このように「表現の長さ」など、言外の意味も伴います。それが理由で、先ほど紹介した従兄弟のエピソードのように、すれ違いが起こってしまうこともあります。

最近では、特にネット上でことばのすれ違いによるいざこざが増えています。言語学を学んだからといって、ことばによるすれ違いを確実に回避できるわけではありません。しかし、このような言外の意味も意識してみると、思わぬすれ違いを回避できるかもしれません。少なくとも、すれ違いの原因を理解して、同じことを繰り返さないように気を付けることはできそうですね。

小学校と中学校は「学校」ということばが付いているのに、高校と大学はどうして付かないんですか？（みと）

実は「学校」は付いているのです。本来であれば、高校は「高等学校」、大学は「大学校」なのですが、省略形として漢字二文字の「高校」「大学」が一般的に使われるため、「学校」が隠れてしまったのですね。

わこからの質問でも答えましたが、日本語は省略するのが好きなので、こういうことになってしまったのです。

授業の事前準備をしていた時、私はわこの質問とみとの質問に、今までは紹介しきれなかったことば研究の魅力が隠れていると感じました。

なぜなら、二つの質問の背後に「日本語では省略現象が起こりやすい」という同じ法則が隠れていたからです。

別々の疑問の背後に、同じ説明原理を見いだせる瞬間というのは、研究者としてたまらない瞬間です。

痛い時のことばの違いをどう伝えていいのかわかりません。痛い時、「じゅくじゅく」って感じたけど、「ひりひり」なのかな？　ずきずき？　どくどく？　ピリピリ？（つきか）

前でも触れましたが、これらの表現をオノマトペと呼びます。

つきかがあげてくれた例は感情を表すので「擬情語」と呼ばれることもあります。

オノマトペの専門家である秋田喜美先生に尋ねたところ、痛みというのは目に見えませんから、それをどのように音で表現するのかは難しく、大人でも痛みをうまく伝えられなかった経験がある人が多いそうです。

同じように、外国語話者にとっても痛みの擬情語の理解は難しいらしく、これらのことを考えると、日本語を習得中の子どもたちにとっても意味の理解が難しいのも自然なことだと思います。

秋田先生のアドバイスでは、「それぞれのオノマトペがかなり具体的な意味と結びついているので、それらを経験しながら使い分けを覚えていくのが得策ではないか」とのこと。

具体的には、

「ひりひり」＝日焼けした時のように焼けるような皮膚感覚
「ぴりぴり」＝唐辛子によって熱く刺激されるような感覚
「ずきずき」＝鋭く疼《うず》くような主に頭・歯の痛み

などでしょうか。

一方で、オノマトペというのは、気持ちや感覚を直接的に表現しやすいという特徴もあります。

ですから、お医者さんが患者さんに痛みの感覚を尋ねる時に使ったり、スポーツを指導する先生が生徒さんに使ったりと、非常に便利なことばたちです。

しかし同時に、つきかが感じたように正確な意味が客観的に伝わりにくいという欠点もあります。

この点に関して、おもしろい例を見つけました。

下の『鬼滅の刃』の一シーンを見てみましょう。このコマに描かれている甘露寺蜜璃《かんろじみつり》は前の戦いで痣《あざ》を発現し、普段以上の力を発揮したため、それがどのような感覚だったかを仲間に伝えようとしています。

蜜璃はオノマトペを多用していますが、これはその時の自分の感覚を直接的に表現できるという点では、正しい戦略です。

ただし、その感覚を客観的に相手に伝えるには不十分であり、他の仲間からはポカーンとされてしまった、というわけです。

出典：『鬼滅の刃』吾峠呼世晴 著（集英社）15 巻

#「花」と「鼻」とか「箸」と「橋」とか、なんで同じことばで違う意味があるんですか？・（なつめ）

まず、「花」と「鼻」や「箸」と「橋」がまったく同じ音かというと、そうではありません。声の高さに注目すると、違いが見えてきます。

まず「箸」と「橋」の違いを考えてみましょう。「箸」は声の高さが「高低」と変化し、「橋」は「低高」と変化します。この違いを「アクセントの違い」と呼びます。

では、「花」と「鼻」はどうでしょう？　単語単体で発音すると、どちらも「低高」と変化しているようで、違いが聞こえないかもしれません。

しかし、助詞の「が」をつけると「花が」は「低高低」、「鼻が」は「低高高」となって違いが聞こえてきます。

（ここで述べたことは、あくまで東京方言のパターンで、アクセントには方言差や個人差が顕著に現れます。本書をここまで読んでくださったみなさまには、アクセントの個人差に関しても寛容になってほしいと思います（↓レベルアップ7））

「花」と「鼻」のようにアクセントによって区別される単語もありますが、アクセントも含めてまったく同じ音なのに、違った意味になる単語のペアも存在します。「意思」と「医師」、「正確」と「性格」、「科学」と「化学」、「私立」と「市立」などがよい例です。

このような同音異義語は、昔中国から借用した漢語に多く見られます。もともと中国語では別の発音だったのですが、無理矢理当時の日本語で表現しようとしたものの、中国語にあった区別が日本語ではなかったため、同音異義語になってしまったのです。

では、曖昧な単語のペアがあるとコミュニケーションの観点から困らないのでしょうか？ なつめが本当に聞きたかったことは、これなのではないかと思います。

答えとしては、「多少の曖昧性で困ることはない」と言えるでしょう。なぜならば、人間はすべての単語を正確に聞き取らなくても、まわりの文脈やすでに持っている知識から推測する力を持っています。例えば、

「朝ご飯には、やっぱり、XXとお味噌汁♪」

という文を聞いて、XXの部分が聞こえなくても、「XX＝ご飯」と推測できる人が多いでしょう。「ご飯とお味噌汁は一緒に食べる人が多い」ということを知っているからです。

また、

「昨日、XXご飯にそばを食べたの」

という文でXXの部分が聞こえなかったとします。

それでも、XXに「昼」を当てはめる人が多いのではないでしょうか？（少なくとも私の感覚では）「そば」は昼ご飯に食べる確率がもっとも高いからです。

もちろん、右の文を発した人が大のそば好きで、朝も夜もそばを食べることを知っていれば、この推測は成り立ちませんので、XXの内容が推測できず聞き返してしまうかもしれません。

ともあれ人間は、自分の過去の体験や自分が話し手に関して持っている知識を使って、聞き取れなかった単語の意味を推測できる力を持っています。そのため、多少の曖昧性はコミュニケーションの問題にはならないことがほとんどです。

ただし、例えば講演会などで、どの単語が発せられたのかを厳密に伝えたい場合、「化学」を「ばけがく」と読んだり、「市立」を「いちりつ」と読んだりと、曖昧性を解消することもあります。

「言語には曖昧性がつきものであること」そして「曖昧性が問題となる場合、それを解消する方法があること」は知っておいて損はないかもしれません。

日本語は他の国のことばよりむずかしいですか？（ひより）

この質問はよく聞かれますが、「なんとも言えない」と答えるしかありません。この質問の答えは「誰にとって難しいか」に大きく依存するからです。

例えば、赤ちゃんは、世界中のどの言語でも身につける能力を持っています。日本人の赤ちゃんでも、他の言語が話されている環境で育てば、その言語を身につけますし、逆に日本人ではなくても、日本で育てば日本語を身につけることが可能です。その意味で、赤ちゃんにとって「難しい言語」などないのです。

しかし、大人になって外国語として身につけるとなると、やはり母語の影響が関係するでしょう。

私は第二言語習得を専門としているわけではないので、正確なことは述べられませんが、韓国語のように語順などが日本語に似た言語を母語とする人たちは、日本語を比較的簡単に習得できると耳にしたことがあります。

また、漢字の存在は、母語で漢字を使用しない外国語学習者にとって、大きなハードルとなることはよく聞きます。

おそらくひよりの質問の背後にはそういう意識はないと思いますが、先のような質問をされる時に感じるものがあります。

それは「日本語は特別な言語である」という考えです。例えば、「日本語は、オノマトペがたくさんあって表現力豊かな言語である」というように考える人によく出会います。

しかし、オノマトペがたくさんある言語は日本語だけではありません。例えば、ヨーロッパのバスク語は日本語より豊富なオノマトペ体系を持っていますし、アフリカで話されているヨルバ語ではオノマトペの数は無制限だそうです。

日本人として日本語を誇りに思う気持ちも大事だとは思いますが、あまり日本語を特別視するのもよくないことだと思っています（↓レベルアップ7）。

逆に、日本語に対して「論理的でない」とか「（フランス語などに比べて）美しくない」とか「（西洋の言語に比べて）表現力が乏しい」などという自虐的ともいえる意見も耳にします。

ですが、これらの主張も、言語学的な観点からの根拠はありません。世の中にはたくさんの言語が存在して、どの言語も素晴らしい。これは言語学者であれば誰もが同意する真実だと思います。

どうして授業をしてくれる人のことを先生というの？（みと）

この質問もとても大事なものだと思いました。

「先生」という呼び名は、何かを教えている人に対して使いますね。また、教えてくれる人だけでなく、自分に対して何かをしてくれる人、そして社会的に偉いとされている人（例えば弁護士・政治家・医師など）にも「先生」という呼称が使われます。

よい解釈をすれば、これらの人たちは私たちを助けてくれたり、問題を解決してくれたりするので、尊敬の念をこめて「先生」と呼ぶのでしょう。

しかし、現在の日本の教育の現場で、この慣習が障害になっていると感じることがないわけでもありません。

本書の冒頭でも述べましたが、「(偉い) 先生」が「(偉くない) 生徒」に教えるという一方通行な教育がなされがちになっている気がします。

しかし、教える側も教えることで多くを学んでいますし、特に教わる側から質問や意見をもらうことで新たな考えや可能性が生まれてくることは、今回の特別授業からも明らかになったと思います。

ちなみに、一方的なアメリカ文化の礼賛は好きではありませんが、アメリカの大学では先生のことを「名字+先生」ではなく名前で呼んでいましたし、私が教える側になった時も名前(=Shigeto)で呼ばせていました。

教えてくれる人に敬意を持って「先生」と呼ぶことに反対はしませんが、「学びの場では、先生も生徒も対等でありたい」という思いは、今回の特別授業をおこなってみて、さらに強く感じることになりました。

スペシャル対談

橋爪大三郎×川原繁人

～社会学者と言語学者が考える「学び」とは～

本編では「先生」役だった川原ですが、そんな川原が言語学者を目指すきっかけとなった研究者の一人が、橋爪大三郎先生。社会学者で、言語に関してもいろいろ考察しています。その橋爪先生に「校長先生」になってもらい、授業の報告をかねて、言語や教育について、思う存分お話しすることになりました。さて、どんな議論になるでしょうか……。

はじめまして

川原　私が橋爪先生にどれだけ影響を受けたか、まず話しますね。高校一年まで、理系志望だったんです。そのあと、英語の勉強が楽しくなって、文系クラスに変わりました。でも、現代文が苦手だった。それで本を読む練習をしているうちに、橋爪先生の『はじめての構造主義』（講談社現代新書）に出合いました。

橋爪　高校生でこれを読んだのは、なかなかすごい。自分でこの本を見つけたのも、すごい。

川原　この本には「高校生でも読めるように書きました」と書いてあるので、それを真に受けて、何度も読みました。言語学者になったのも、この本の影響もあるかもしれない。今回、対談のために読み返しましたが、今研究しているテーマの多くが、この本が出発点だったんだ、と思いました。

共通語の役割

川原　この本の中からお話ししたい話題がたくさんあります。まず、「言語の優劣」。例えば、インタビューで、「なぜ日本語は美しいのですか」みたいな質問を受けることがある。今でも「日本語は美しいけれど、他の言語は美しくない」と考えている人がいるんですね。「フランス語はきれいな言語だ」とか、「中国語は攻撃的に聞こえる」とか言う人もいる。言語学者として、こういう考えはすごくおかしいと思う。

『はじめての構造主義』は、その反対ですね。レヴィ＝ストロースが、「未開人」と思われていた人々も、西欧文明とそっくりの思考パターンを持っているのだと証明した。人間すべてに同等の価値があると考える、ヒューマニズム（人間主義）ですね。

構造主義は、現代の言語学にも強い影響を与えていて、言語学者は「言語間には優劣はない」という強い信念を持っています。でもまだ、言語に優劣があると思っている人もいるんですね。

橋爪 そういうのは、「〇〇バイアス」なんです。『はじめての構造主義』では、「自民族中心主義」という名前で取りあげました。自分のことはよく知っていて、相手のことはよく知らない。それで、自分が相手より上だと思う。これは自然な現象だけれど、根拠がない。それを乗り越えられないと、〇〇バイアスになってしまいます。それが原因で、戦争になることもある。
言語学は、人間の頭の中をのぞく内視鏡みたいなものでしょ？　のぞいてみたら「みんな同じです」と言えるわけ。科学として。これはとても大事なことで、声を大にして言ってください。

川原 その通りで、それが言語学の使命の一つです。だから、「言語に優劣はない」のだと、いろいろな機会に主張しています。でも今でも、「なまっている」とか言うし、方言をからかう雰囲気もまだあるでしょう。日本人は方言に寛容ではないなと感じます。

橋爪　どの国も、国語をつくって、国民を統合しようとしたんですね。国語なんて、はじめはどこにもないわけ。本を出版したり、学校で教育したり、何百年もかかって国語をつくった。「なぜ国語を話さないといけないんだろう」と、みんな思った。政府はそこで、「国語は美しい、それ以外は美しくない」と言うんです。

川原　なるほど。共通語をつくって、国民国家としてまとまるためにも、そういうお題目が必要だったのですね。

橋爪　でも、国語ができることには、メリット（いい点）もある。メリットがなければ、そんな無理なこと誰もしないから。

川原　なるほど。明治維新のあと、上田萬年という学者が『国語のため』という本を書いて、共通語がなければダメだと言った。方言を禁止しようという政策まで提言した。これは当時、列強に対抗するには、仕方がなかったのでしょうか。

橋爪　日本の場合、国語をつくるのに、実はあんまり問題がなかった。だって日本中で、おんなじ漢文を読んでいて、返り点や送り仮名もおんなじで、意思疎通できていたから。行政文書も書けていた。

川原　共通語を持つことと方言を受容することは、必ずしも矛盾しないと思っています。方言は劣ったもので、共通語だけが「正しい日本語」だとする風潮は、言語学者として悲しいなと。

国際語は必要だ

橋爪　国民国家ができると、それぞれ国語をつくるんだけど、それだと世界全体で、言語がばらばらになるでしょう？　英語、フランス語、ドイツ語、イタリア語、ロシア語、ポーランド語……みたいに。国家間で意思疎通するのに、共通語がないと困ります。

川原　困りますね。だから世界の共通語としてよかれあしかれ、みんな英語を使いましょう、になった。

橋爪　それをめぐってバトルがありました。みんな、自分の国のことばが共通語になればいいと思うわけです、当たり前です。フランス語が名乗りをあげ、スペイン語が名乗りをあげ、英語が名乗りをあげ、ドイツ語が名乗りをあげ……になったんだけど、英語は最初そんなに優勢ではなかった。

川原　そうなんですか。当時の歴史は詳しくないので、説明をお願いできますか。

橋爪　イギリスは小さい国じゃないですか。それに、日当たりが悪くて貧乏なんです。農業も大したことない。なんでイギリス人は船に乗るかというと、農業で食えないから。漁業をやるので、船をつくる。それに関連する産業もできます。

そのあと一八世紀に、産業革命が起こって、羊毛工業とか綿織物とかの調子がよくなった。工業は天気に関係がないからね。農産物は輸入すればいいや、になって、気が付いたら蒸気船で世界中に出かけて行って、大英帝国になった。だからみんな英語を話しましょう、なんです。アメリカにイギリスの植民地ができて、そのアメリカが独立して、北アメリカを支配したのも大きかった。そうやって、スペイン語やフランス語を押しのけた。いずれにしても、どこかの国語が国際語になる運命だった。

川原　そうですね。たしかに英語という共通語がなかったら、私も困ります。論文も書けない。学会発表もできない。海外の研究者と意思疎通できません。それだと、科学の進歩にもさしつかえる。

橋爪　でも、これって、ものすごく不平等だと思わない？

川原　思いますよ。英語が母語じゃない人は、それだけ不利ですから。研究の他に、英語にもエネルギーを注がなければならない。英語の質がイマイチということで、論文が出版できないなんてことも起こるわけです。

橋爪　その昔、共通語がラテン語だった頃は、ラテン語を普段しゃべっている人なんかヨーロッパにはもう一人もいなかったわけだから、公平で平等です。で、一七世紀ぐらいまでラテン語でやっていたんだけど、そのあとだんだん英語になった。英語圏の人はめちゃめちゃ得する。英語圏以外の人はめちゃめちゃ損する。

英語中心主義と生成文法

川原　それに関連して、少し脇道にそれた話をしてもいいですか。言語学は、英語の分析が中心になりがちで、英語で成り立つ現象は、人類共通だと考える傾向があるんです。それで、英語にない特徴が例えば日本語に見つかると、その言い訳を考えなければならない。英語が今、世界共通語なのは、歴史的な偶然です。でも、英語こそ人間の言語の本質に近いと、どこかで考えてしまう節があるんです。

橋爪 それは言語学が、アメリカ中心になったからですね。ヨーロッパが中心だった頃は、英語の他に、フランス語やドイツ語やオランダ語やスペイン語やギリシャ語があるのが当たり前だった。その先をたどると、インドに行き着く。英語が中心でないのは当たり前だったと思います。印欧語（インドヨーロッパ語族）の他にも、もっと言語はいっぱいあります。

さて、チョムスキーが中心になって、生成文法という理論をつくり出した。これが盛んなのがアメリカなので、アメリカ中心主義になったと思う。

川原 それは、その通りだと思います。

橋爪 何十年か前、フィルモアという人が考えた「格文法」（case grammar）というものがありました。道具格とか対象格とかを設定して、日本語をあっという間に説明できる理論です。これはとても素晴らしいアイデアで、哲学的に考えても有望だと思ったけれど、主流にならなかった。日本語ととても相性がいい反面、英語と折り合いが悪いんです。

川原 私も生成文法家でいた時期が長かった。今でも一〇〇%生成文法を卒業したかというと、そうでもないのです。だから生成文法が、政治的な理由で、アメリカ中心・英語中心になってしまっているのは、残念に思います。

橋爪 でも、「生成」って、素晴らしい考え方ですよ。「生成」(generate) は、数学の概念です。それを使って、言語の理論を組み立てることができて、しかも実証ができる。言語学が科学になった。だから、チョムスキーは偉いんです。だけど、みんなチョムスキーについていけばいいのだと思った。これが間違いでした。

川原 そうですね。生成文法はそもそも、言語を数学的にモデル化するものでした。まず、数学的に定義した数理言語をいくつもつくった。それらを、どれだけの種類の出力を生成できるかによって、階層づけた。これを「チョムスキー階層」といいます(下図）。生成文法は、自然言語（人間の言語）がチョムスキー階層のどこに位置するかを探究する学問として始まった。言語学は数学の一部だったのですね。

ですが、時が経つにつれ、その根本が理解されずに、細かな枝葉をいじくる研究が多くなってしまった。私はそれがつまらなくなって、生成文法の主流から離れてしまったんです。

橋爪　それは正解だったと思います。せっかくチョムスキーの話になったので、チョムスキーがどう素晴らしいか、話しましょう。

まず、「普遍文法」という考え方が素晴らしい。そして言語学のやっていることは、心理学なのだとしている点が素晴らしい。

私は社会学が専門だけれども、社会学は、コミュニケーションから始める。いっぽう心理学は、

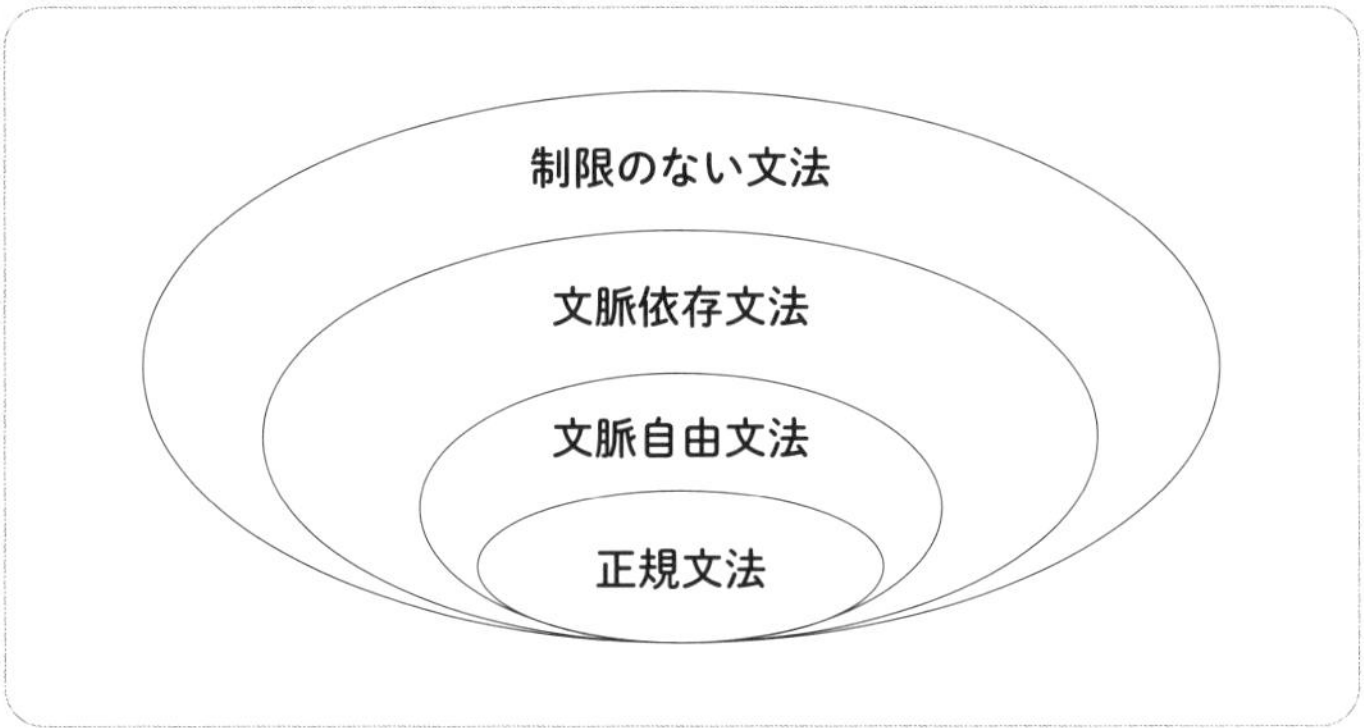

チョムスキー階層

コミュニケーションをさておき、生体の反応を見る。心理学の実験は、人間をひとりつかまえて、突っついたり質問したりするのです。社会学の観点からは、そういう実験では人間のことも社会のこともわからないと思う。どっちが正しいという問題ではないので、これは一応置いておきましょう。

チョムスキーは、世界中のどんな言語にもあてはまる文法理論をつくれるはずだ、と考えた点が素晴らしい。先ほどの、「いい言語も悪い言語もない、すべては人間の言語として対等だ」という考えに、理論的基礎を与えることになる。

川原 まさにその通りです。すべての人間の言語に共通する具体的な性質とは何なのか、いろいろ議論はあります。でも、何かはあるはずだ、と現代の言語学者は信じていて、その信念にもとづいて研究を続けているのですよね。

橋爪 その考えは、一九世紀の言語学のぶ厚い蓄積の中で磨かれてきたのだと思う。イギリスがインドを植民地支配するようになって、言語学者が、サンスクリット語を研究した。すると、サンスクリット語が、ラテン語やギリシャ語などの祖語ととても似ていて、ヨーロッパ言語と同類だということがわかった。同類なので、印欧言語（インドヨーロッパ語族）と呼ぶんです（200ページの図）。

そこで、この音があの音に変化した、といったような歴史変化の法則をいろいろ発見して、歴史言語学という学問が発達した。どの言語も同じだと思っていなければ、そういう法則が存在すると考えるはずがない。

川原 歴史変化と言えば、「グリムの法則」が有名ですね。印欧祖語からゲルマン系の言語に変化していくにつれて、無声破裂音が無声摩擦音に変化した。例えば、「父」を意味するラテン語の pater は、ドイツ語では Vater に、英語では father になった。[p] が [f] に変化しています（ドイツ語の V は [f] と発音します）。「3」を意味するラテン語の tres は、英語では three になった。破裂音の [t] が摩擦音の [θ] に変化した。グリムの法則の他にもいろいろな変化が見つかった。今回の授業で取りあげた、日本語で [p] が [h] に変化したのも、歴史変化ですね（↓2時間目）。

それにしても、歴史言語学は、レヴィ=ストロースの構造主義より前の時代に発展したものなのに、もう「すべての言語は同等だ」という信念をそなえていたと考えるのはおもしろいですね。

言語学とキリスト教

川原　橋爪先生とお話しできるせっかくの機会なので、キリスト教の話もしていいですか？ 言語学の発展に寄与したのは、キリスト教なんです。宗教改革のあと、宣教師たちが海外に出て、キリスト教を広めようとした。それには聖書を、現地の言葉に翻訳しなければいけない。そこで、言語の研究が進んだ。一六世紀には日本にポルトガルの宣教師がやって来て、当時の日本語の詳細な記録を残しています。とても貴重な資料です。

現代でも、ＳＩＬインターナショナルというキリスト教の団体が、識字教育に取り組んでいます。

言語学と聖書の翻訳は、こんなに関係が深かった。これを忘れてはいけません。

橋爪　なるほど。

川原　日本では、科学とキリスト教は両立するはずがない、みたいに思う人が多いんです。キリスト教徒の書いた本は信用できない、と言う人さえいる。そういう誤解は解かないと。科学の発展とキリスト教は、切り離して考えられないのですから。

橋爪　そうですよね。キリスト教は、聖書を何語に訳すのも自由です。一神教にしては珍しいんです。ユダヤ教やイスラム教のやり方ではない。

川原　その自由がなかったら、現代の言語学は成立していないと思う。それに関連して、小学生から、世界の言葉はなぜ同じじゃないのですか、と質問されたんです。

橋爪　どう答えました？

川原　それは難しい問題だねえ、と。続けて、バベルの塔の話をしました。旧約聖書に載っています。昔の人も、この問題をじっくり考えたんです。世界中の人々がこの問題を考えている。そういう人々と話すのに、聖書のこの物語をわかっていることが大事だね、と話しました。

橋爪　言葉がいくつもあるのは、神の下した罰なんです。もともと言葉は一つだった。アダムは神と話しているでしょう。だから言語は一つだったのに、分かれた。

川原　バベルの塔なんかをつくろうとしたから。

橋爪　そう。だから将来、また一つになるはずなんです。イエス・キリストが雲に乗ってやって来て、「みんな神の国に入りなさい」と言う。ドイツ人もイタリア人もアラビア人もみんな神の国に行ったら、どの言葉も理解できるようになるんです。その予行演習で、一二人の弟子のところに聖霊が降りてくるじゃないですか。そうすると、異言といって、知らないはずの外国語がしゃべれる。

川原　なるほど。すべての言語が同等で、一つの言語だという話につながりますね。

橋爪　そうです。キリスト教は、言語が将来どうなるか、あまり心配しないんです。神が何とかしてくれる。神が何とかしてくれない場合、テクノロジーで何とかする。エスペラント語ってあるでしょ。エスペラント語の運動を熱心に推進したのはユダヤ人だと思う。ユダヤ人は、神のことば（ヘブライ語）をしゃべっているはずなのに、ヨーロッパの国民言語じゃないので、差別される。だったら人類の共通語をつくり出してしまえばいい、と思ったんじゃない？　世界中の人々がそれを話せば問題は解決する。でもそれは共産主義に見えるから、やっぱりいじめられる。

川原 エスペラント語が広まらなかったのは、母国語に対する愛というものがあって、押し付けられたものは心から愛せないからなのかなと思っていました。

橋爪 ゲルマン系の人々がナショナリストだとすると、ユダヤ人はインターナショナリストなんです。ユダヤ人が国ごと、地域ごとのことばを話していると、ばらばらになってしまうでしょ。だからあえて、ヘブライ語（実際には、現地語のまじったイディッシュ語などのことば）を話すんです。でもそれだと、ユダヤ人と現地の人々のあいだに垣根ができてしまう。

それなら、誰でもしゃべれることばを、新しくつくりましょう。エスペラント語の誕生です。合理的といえば合理的。でも、無理といったら無理な考え方です。

川原 世界中、どんな言語が母語の人でも、共通に話せる言語をつくろうとしたのがエスペラント語だった、と。

橋爪 共通の言語があれば、平和が実現するだろう。

さて、AIがもっと発展して、翻訳が自動的にできるようになると何が起こるか。考えるべきことがいっぱいある。言語学にとっても大事件だし、政治にも経済にも、社会にも計り知れない影響があると思う。すぐそこの話なのに、誰もしっかり考えていない。

川原 言語学者として、耳が痛いですね。

AIが変える世界と言語

橋爪 社会がこれからどうなるかに、私は関心があるんです。変な方向に行かせない、よりよい社会を実現したい。そこで言語の問題も大事になる。

社会の中の言語の位置も、歴史とともに変わってきたと思う。例えば、国語ができて方言がおとしめられたりした。文字ができたり、印刷術ができたり、ラジオやテレビができたり、SNSができたり、どんどん人間の言語経験が変わってきている。でも、これから先、こんなものじゃないと思う。例えば今大学では、期末レポートにChatGPTを使っていいか、議論になっている。試しにやってみたら、よさそうなレポートを一〇秒で書いてしまう。だから今年度は使ってはいけないことになった。

けれどもこれは、便利なんです。ごく近い将来、職場でも、文章を書くのにAIを使うのは当たり前になるだろう。社会がそうなれば、学校で文章を書く練習をする必要があるのか、という問題が出てくる。

川原 ChatGPTのような技術を使いこなす力が前提になるかもしれない、というわけですね。それであれば、大学のレポートにChatGPTを使うのもおかしい話ではなくなるかもしれない。

橋爪 もっと大きく社会を変える可能性があるのは、自動翻訳ですね。これはもう、すぐそこまで来ている。英語帝国主義が、その瞬間に終わります。

川原 なるほど。自国語でしゃべっても、それをAIが翻訳してくれる。英語が母語でなくても、不利にならないわけですね。

橋爪 そう。すると社会がどうなるかというと、まず、外国で働きやすくなる。これまでは英語が話せないと、働きにくかった。銀行で口座を開いたり、アパートを借りたり、買い物をしたりするのにも英語が必要。単純労働じゃないホワイトカラーの仕事は、文書も作成するし、言葉がよくできないと無理ですね。何年もかけて英語を勉強しないといけない。でも、自動翻訳が実用化すれば、問題なく働ける。企業の管理職や学校の教員だってできそうだ。

そうするとどうなるかというと、先進国と第三世界の垣根が低くなる。

川原　それはいいことじゃないですか？

橋爪　いいことだけど、大混乱です。誰もが国境を越えようと思う。先進国は賃金が高いから、移動したくなる。移民が入ってくれば、先進国の賃金が下がる。だから、反対が起こる。

第三世界の賃金は上がって、世界は平準化に向かっていく。大混乱になるのか、それとも平和になるのか、シナリオは二つあるのです。

どちらにせよ、カギは言語なんです。言語学は、学問を組み立てるのが大事なのかもしれないけれど、言語と技術が結びついて社会を改革すると、どうなるかを考えるという大きな役割もあるんじゃないのか。

川原　おっしゃる通りですね。

言語学が今向き合っている大事な問題は、AI技術を使って言語の本質をどこまで捉えることができるかで、いろんな意見が出ています。言語の本質は、ビッグデータだけからでは捉えられないと主張する言語学者が多い一方、いずれAI技術が言語のすべてを解き明かすだろうと期待する人もいる。個人的には私は前者の考えです。大事なのはChatGPTのような自動応答チャット生成技術は、すでに書かれているテキストデータをもとにつくられているという点です。人間が言語を学ぶ際には、まず音から学びます。新聞を読んで言語を学ぶ赤ちゃんはいない。そんな人間言語とChatGPTが同じ性質であると考えるのは無理があります。

また、チャット生成技術は、質問に対して過去のデータからあり得そうな答えを探し出しているだけで、質問の内容を理解し考えたうえで、質問に対する答えを出しているわけではありません。誤解を恐れずに言えば、質問を理解しているように見せているだけなのです。有り体に言ってしまうと、人間がことばを理解するプロセスはまだ数学的に解明されていないので、機械学習にまったく同じことをさせるのは、まだ現段階では不可能だろう、と思っています。

それにChatGPTの使用に関しても注意が必要ですよね。学習に使われているテキストデータの質は不透明なところもありますから、間違った情報を吐き出すことも大いにある。無条件に信頼するのは危険です。それに、ＣｈａｔＧＰＴはある意味、壮大なスケールでおこなわれている過去のテキストからの盗作ですから、そこから本当の意味での新たな知が生まれてくるとは考えにくいと思います。

いろいろと考えなければいけない問題は山積みですが、今まで言語学が積み上げてきた知識が、この分野の発展に貢献できるのは間違いない。逆に、言語学がＡＩ技術から学ぶことも多いはずです。自動翻訳がどのように社会を変えていくのか、考えていくのはとても大事です。言語学の知見が、この文脈で役立つことも間違いありません。

そして、言語学者の仕事の一つとして、ＣｈａｔＧＰＴのような技術がどのようなもので、それが人間の発する言語とどう違うのかを社会にしっかり説明していかないといけない。

橋爪先生の本を読むと、いつもご自分の専門を、現実の問題に結びつけて議論していますよね。ヴィトゲンシュタインの哲学を語る時も、現実社会の問題と結びつけている。言語学者の中で、橋爪先生のように、言語は人間にとって何なのか、言語によって社会がどう動くのか、という広い視点で研究を進めて、世間に発信している人は、残念ながら、少数だと思います。私も少し反省しないと。

橋爪　言語学の起こりは、植民地主義ですからね。世界の動きと連動していた。社会を考えるのに、言語の問題は避けて通れないと思います。

言語の起源

橋爪　生徒さんから、ことばはどうやってできたの、というような質問があったでしょう？素晴らしい質問です。どう答えたのですか？

川原　まず正直に、いろいろ研究してもわからないことが多い、と話しました。具体的には「ものの名前はどうやって決まったの？」という質問があったんです。それには、「いろんな人がいろんなことを考えているよ」と前置きして、その例として、聖書の創世記の話をしました。アダムが順番に、ものの名前を付けていくところです。そして、「聖書が正しいかどうかわからないけれど、世界中の人々に影響しているから、聖書もちゃんと読もうね」と続けました。
それから、プラトンも関係してきます。クラテュロスは、ものの名前は、本来そのものを表す適切な名前なんだ、と考えた。それに対してヘルモゲネスは、ものの名前は、人々がこう呼びましょうと約束したのだ、と考えた。ソクラテスは両方の議論を踏まえ、どちらかというとクラテュロスに近い立場をとりました。あと、もう一つ、おもしろい実験があります。英語話者が声色だけを変えて音を発して、三〇個の意味を表現できるか実験したのです。声色がうまい人だと、意図した通りの意味をけっこう伝えることができた。同じ英語の声色を、他の二五の言語の話者に聞いてもらっても、やっぱり意味が伝わった。声色から意味が理解できる。どの言語が母語であってもです。そこで、声色からことばが始まったのではないか、という説もあることを紹介しました。

橋爪　興味深いですね。でも、その先はないのかな。

川原　そこなんです。この仮説が正しいとしても、言語で表現できる意味は、三〇個どころではありません。ことばの意味は、声色で表現できる意味から膨大に広がっていったんです。この時に何が起こったかはわかりません。

橋爪　吉本隆明の『言語にとって美とはなにか』（勁草書房）という本に、「海を見てウと言った」と書いてあったと思う。ウミということばもない時に、海かどうかわからないものを見て、ウと言った。これがことばの始まりだ、というのです（第一章　言語の本質)。

川原 それはさっきの声色実験や、クラテュロスの考え方に近いような気がします。海を目にして、人間がそれを「ウ」と表現する何かしらの理由があった。偶然ではない。

橋爪 海を見てウと言って、また海を見てウと言う。となりの誰かも海を見てウと言ったら、何が起こる？　山を見てヤと言ったり、森を見てモと言ったり、川を見てカと言ったりするんじゃないか。

川原 なるほど。ものに名前を付けて呼べるという気づきが生まれた。

橋爪 でもこれだと、言い分けられ、聞き分けられる音の数だけしか、ことばはできない。そのうちいっぱいいっぱいになる。すると、どうなるか。
水を見てミと言ったのだから、海はウではなく、ウミにしようみたいに、音の組み合わせにすると、言えることがうんと増えると思う。

川原 まさにそのとおりです。音を単独で使っていても、人間が出せる音の数は有限なので、表したい意味の数には到底足りません。でも、音を組み合わせるなら、その組み合わせの数はいくらでも増やせますからね。例えば、三〇しか音がなくても、それらの音を二つ組み合わせれば、三〇の二乗。三つになれば、三〇の三乗。

あともう一つ、おもしろい研究があります。赤ん坊が最初に身につける基本的な単語を見てみると、音と意味のつながりがはっきりしている。でもそれだけだと、十分な数の単語を持つことができない。もっとあとで身につける単語だと、音と意味のつながりが弱い。

つまり、音と意味が恣意的に結びつくからこそ、人間の言語は多くの意味を表すことができる。音と意味がつながっているほうが覚えやすいけど、それだけではダメなんですね。

言語と身体性

川原　私が「音」を専門に研究している理由は、物理学や生理学と関わる言語の側面を研究したいからなんです。例えば、濁音。空気力学的に考えると、発音しづらい音です。声帯を振動させるのには、空気を流さなければいけないのに、口腔は閉じているから空気はどんどんたまって、圧力が上がっていく。すると、声帯振動を保ちにくなる。人間は、そういう難しい発音も使うけれど、難しいものは難しいんです。例えば日本語では、濁音を促音にして長くできません。「っば」「っだ」というような音は、強調形や外来語を除くと日本語には出てこない。「日」と「韓」をくっつければ「日韓（にっかん）」という「か」の促音が出てくるのに、「日」と「米」をつけても「にっべい」とはならない。他の言語では、そもそも濁音がないことがある。別の言語では、濁音を特別の場合にだけ許す、みたいなこともある。こういうふうに、人間が物理学や生理学の制約のもとでどのように言語を操っているのかがわかると、楽しいんです。

橋爪 人間には、体があるということですね。『言語ゲームの練習問題』（講談社現代新書）で宇宙人の話をしました。宇宙人が言語を使っているとして、どうやって研究しましょう?

川原 思考実験としてすごくおもしろいですね。人間は音をつくり出すのに、様々な器官を使います。肺、声帯、舌、鼻、唇など。宇宙人がそれを持っているのかわからない。音を聞きとる器官も必要です。鼓膜、外耳道、内耳などなど。人間の聞いている音は、外界の物理音とは違うのです。外耳道の共鳴で、特定の周波数が増幅されます。音の大きさも、耳小骨という骨の働きで大きくなります。そして内耳には、フーリエ変換といって、それぞれの音がどんな周波数成分を持っているか感知する仕組みがそなわっています。耳小骨は、もともと爬虫類が、餌を捕まえるために振動を感知するシステムだったのが進化したもので、宇宙人も持っているとは考えにくい。

橋爪 そもそも空気があるかどうかもわからない。

もう四〇年ほども前、手話が一部で注目を集めていました。栃木県のろう学校の先生方が中心になって、文法を研究して辞書もつくろう。手話は音声言語に比べて、決してレベルが低い言語ではない、と証明しようとしたんです。私も興味を持って、少しだけ勉強しました。

川原 手話の研究も最近、言語学ではとても盛んです。音声言語と遜色ない高度なシステムを持っていることが、わかってきている。

手話言語のほうが、意味を直接動きで模す度合いが、音声言語よりも高いかもしれません。例えば、「食べる」とか「飲む」といった動詞は、その動作を直接的になぞることができる。「カメラ」という名詞も、カメラを使う動作に似ていたりする。

橋爪　だとしたら、宇宙人と手話でコミュニケーションするほうがいいかもしれないな。空気がなくても大丈夫だし。

川原　なるほど。先ほどの、原始人がことばなしに声色だけで意味を模していた、という仮説が正しいとして、手話は、手の動きで意味を模すのに優れているわけですから、宇宙人とコミュニケーションが取りやすいかもしれないですね。

橋爪　手話と音声言語の自動翻訳機があれば、障害を持っている人には素晴らしいツールになるな。

文字と社会

橋爪　ちょっと話が飛ぶんだけれど、中国語と漢字の関係がおもしろいなと思うんです。漢字は、表音文字ではなくて、特別な文字ですね。表音文字は、音を表すものなので、文字を借りてくることができる。文字を借りたからといって、もとの言語に影響が及ばない。言語といわば独立に、文字が存在する。

漢字はそうなっていない。漢字は音ではなく、概念と対応しているんです。だから、字の数がとても多い。よく使う漢字でも、何千もある。

さて、ここから先は、私の仮説です。表音文字は、言語が変化すると、表記もそれにつれて変わっていく。文字が言語の変化をとどめる力が弱い。漢字は、表音文字ではないので、文字が一度できたら簡単には変わらない。今使っている漢字も二〇〇〇年前にはもうできていて、あんまり変わっていない。概念はずっとそのままだということです。音は変わるかもしれないけれども、概念は変わらない。これは、言語にとって、ものすごい束縛だろうと思う。

だから、印欧語族の人々と、中国語を使う人々の歴史は、違っていて当然だと思うんです。

川原　ヨーロッパと中国の、二大文明の歴史の違いに、文字が決定的に関係しているということでしょうか。

橋爪　はい。では、日本についてては何が言えるのだろう。日本語は、漢字を輸入して日本語に採り入れ、仮名もあるという二重状態です。蘭学もあって、西欧語の概念や発想を漢字の熟語に置き換えた。それでもはみ出す部分はカタカナにする。このやり方で、自分たちの思考や体験が開かれたり制約されたりしているはずです。その開かれ方や制約のされ方に、気が付かないとまずいと思う。

川原 まず、日本語が言語として重層的だというのはまさにその通りだと思います。基本に和語がありますよね。そして、中国語からの借用語である漢語がある。明治維新後には、取りきれなかったものをカタカナ語で取り入れることもした。それに加えてオノマトペもあるということで、日本語は、非常に柔軟であると思います。漢語で考えることもできれば、オノマトペ的に考えることもできる。

橋爪 では、中国語はどうか。私の仮説では、文字は普通、口頭言語を記述するものなのに、漢字は逆なんじゃないか。多民族状態で、複数の通訳不可能な言語があったので、漢字ができた。だから自分の言葉で、漢字をどう読んでもいい。

川原 日本語でも訓読みとしてそれをやっていますものね。

橋爪 例えば、ヨーロッパの人が漢字を取り入れたとする。「我爱你」と書いて、英語はアイラブユーと読み、フランス語はジュテームと読む。文字も意味も一緒で、発音が違うのです。中国には「普通話」（プートンホワ）というものがあって、漢字で書くのだけれど、それを上海語で読んでも四川語で読んでも広東語で読んでもいい。音にしてしまうと、互いにほぼ理解不可能。でも、漢字は共通。文字が大事なので、音は二次的なのです。

川原　この意見は言語学者として非常に興味深いです。ソシュールの影響で、現代言語学では、文字を二次的なものと捉えるんです。ある人のことを知りたい時に、その人を見ずに写真を見る必要があるのか、という喩えが使われます。文字は写真のように、言語を写しとったものではあるが、言語の本質ではない。文字の研究は、言語学ではない、という人もいます。文字が言語の本質に影響を与えるなんていうことはあってはならない、という思い込みがあるように思います。

橋爪　それはヨーロッパの人々の偏見ではないか。自分たちの文字がそうだからといって、世界中そうだと思っているだけではないか。少なくとも中国の文字はそうではない。日本人はそれがわかっているはずなのだから、ちゃんと反論しないといけない。

川原　私が勤めている研究所の大先輩の鈴木孝夫先生が、声を大きくしてまったく同じことをおっしゃっていましたね。アルファベット言語は「ラジオ型」の言語で、音声中心かもしれないが、日本語は「テレビ型」の言語だと。漢字という視覚情報が非常に重要な役割を担っている（『日本の感性が世界を変える』（新潮選書））。橋爪先生も『げんきな日本論』（講談社現代新書）で、昔の日本語は母音が八個あったのが五個に減ったのだけれども、平安時代に平仮名ができたことで、歴史的変化が安定した、という仮説を展開されていました。文字の使い方が音の使い方を決めることがあっていいのだという仮説は、言語学者として非常に新鮮でした。我々が言語を使う時に、文字の影響を受けていないということは決してない。例えば日本人は拍で音の数を数えますよね。これは確実に平仮名の影響があって、文字の影響なしに言語を語るというのは明らかにおかしいことです。私自身、言語理論にもっと文字情報の影響を取り入れるべきだという主張をしています。ですが、言語学には、文字の役割を受け入れることにどうしても抵抗があるようなのです。

橋爪　そういうおかしいところを正して、まっとうな言語学をぜひつくってください。

川原　がんばります。こういうふうに、橋爪先生の本を読むと自分の学問が相対化されるんです。自分のやっていることが広い目で見られるといいますか。

何のために学ぶのか

川原　最後にお話ししたいのは、何のために学ぶのか、です。多くの高校生は、大学で何が学べるかわからないまま、とりあえず受験という目標だけがあって、適当な学部を選んで大学に来る。いざ入ってみると、何をどう学べばよいのかわからない。この問題をどうしたらいいのか、悩んでいます。たぶん、日本中の大学の教員が同じように感じて、悩んでいると思う。
今回、小学校で教えてみたのには、そういう理由もあります。小学生のうちに、大学でやっている学問に触れてもらえると、大学に入る心構えが変わってくれるのではないか。そんな期待もあるんです。

橋爪　大学を出て何をするか、も大事ですね。私は前の勤務校で、「高校キャラバン」をやっていたんですね。高校に出張して、学問の魅力をアピールする。相棒の先生は大学の数学の魅力を伝え、私は地球温暖化の話をしました。地球も世の中も大変なことになっている。それに立ち向かうには、まず一人ひとりが何とかしようと思うことなんだけれど、武器が必要。それは数学かもしれないし、科学かもしれないし、政治や経済の知識かもしれない。ただ漫然と大学に行けばなんとかなる、じゃなくて、大学で何を身につけて何をしたいのか、その志を持たないで、うかうか大学に入っちゃダメだよ、と。

あと、高校生の皆さんに私が言ったのは、試験のために勉強するのはやめましょう。点数であくせくするのは、勉強にも失礼だし、自分の頭にも失礼だ。自分の頭は貴いのだから、本当に大事なこと、一生覚えていようと思うことを頭に入れるべきで、一夜漬けの勉強なんかやるだけ無駄です、ってね。

川原 私の娘が小学生なので、私も似たようなことを言っています。ちょうど昨日、「一〇〇点とるためにがんばる」と言うから、「そんなことがんばらないほうがいい」と言いました。テストで一〇〇点を取ること自体に価値はない。一〇〇点を目指していると、それが取れない時に落ち込むだけで、それは人生の無駄。答えがある問題だけを勉強の目標にしてしまうのは危険だ、と。

橋爪 それが伝われば素晴らしいですね。

川原　今日はたくさんお話ができました。言語学者として大事な宿題もいろいろもらえたと思います。ありがとうございました。

対談を受けて

私が娘に「一〇〇点なんて目指さなくていい」と言った理由

対談の最後に出てきた話題ですが、この点についての私の考えを膨らませて本書の締めとしたいと思います。

まず、私が娘に「一〇〇点なんて目指さなくていい」と言ったのは実話で、娘は当時小学校二年生でした。年度末の漢字テストで九〇点以下は再テスト、というような場面だったと思います。

「一〇〇点とるためにがんばる！」と言った娘のことばに思わず反応してしまったのです。

改めて考え直してみますと、私の発言の背後には、最近感じている複数の問題意識がありました。

まず一つ目は、これは授業で小学生たちに強調した点でもあり（↓6時間目）、対談で橋爪先生がおっしゃっていたことでもあります。私たち人間が今、本当に考えなければならないのは、正答がまだ見つかっていない問題、それに、そもそも正しい答えが一つに定まらない問題です。

研究者にとってはそのような問題について考えることこそが仕事ですし、一般の人たちにとっては現代社会が向き合っている環境問題などがよい例だと思います。

にもかかわらず、学校教育では答えがある問題に対してその正答を見つけることが重視されているという違和感でした。

高校までそのような教育がなされているからでしょうか。はたまた点数を取るということが最大の目的になっている大学受験の弊害でしょうか。大学で「答えがない問題を考えてみましょう」と言うと、とまどう学生がいる印象を受けるのです。


ここで私と娘の会話に話を戻しますと、一〇〇点が取れる問題というのは、他人が用意した答えがすでにある問題です。

「勉強=正解にたどりつく=点数が大事」という誤解を子どもの頃からすり込んでしまうのはよくないと思っていたことが例の発言の背後にあったのだと思います。


二つ目の問題意識は、今の世の中、なんでもかんでも短期的な成果が求められているような気がするのです。

何かをやったら、目に見える成果がすぐに出てこなければ評価されない。これは研究の文脈でも大いにあてはまることで、例えば研究費をもらった場合、その成果を毎年、報告する義務が課されます。

しかし、そもそも一年で成果を出すことは難しいですし、そのような短期的な成果を追い求めていると、どうしても小粒の研究にまとまってしまい、大きな仕事ができない、という負の側面もあります。

一般企業で働いたことのない私が推測でものを言うのもおこがましいですが、会社でも同じように短期的に目に見える成果が求められることが多いのでは、と想像がつきます。

また、SNSの普及もこの風潮に拍車をかけているかもしれません。例えば、ツイッターに何かを投稿したらすぐにイイネやリツイートがつく。私たちの脳は知らず知らずに、そうした短期的な報酬を期待するようになってしまっているのではないか。

しかし、長期的にじっくりと腰を据えないと出せない成果もあるわけで、我々にとってはこちらの成果のほうが大事なのです。

私自身の例でいえば、最近は短めのエッセイの執筆を頼まれることが増えました。それはそれでありがたいのですが、やはり書籍執筆という大きな仕事にじっくり取り組む時間が削られてしまうため、仕事を選ばないといけないなぁと実感しております。

また、二〇一七年に出版した本について、五年後の二〇二二年にツイッターで俵万智さんに声をかけてもらい、その後交流が始まるという驚きのイベントも発生しました。自分の努力が何年後どんな形で花開くかわからないわけですね。

ＳＮＳの爆発的な普及で、長期的な努力の大切さや長い目で自分の努力の成果を待つことが忘れられていないか不安です。

最近では、「コスパ」ということばをいたるところで耳にしますが、少なくとも「勉強に関しての時間的なコスパ」という考え方には、私は賛成できません。

短期間で勉強したものは本当の意味では身につかない、ということを研究者人生の中で痛感しているからです。「一夜漬け」などしても、長期的に考えればまったくの時間の無駄です。

このような理由から、子どもの頃から「今日がんばって、明日成果が出る」という発想を自分の娘にすり込みたくない、という思いがありました。

三つ目の問題は、「完璧主義」の弊害です。

私は長いこと完璧主義でした。専門的な論文でも一般向けの著作でも自分の書いたものにミスがあることを許せない。人からそういうミスを指摘されると落ち込む、ということを繰り返してきました。

そういう性格だと、書籍を執筆するのに非常に精神を消耗します。原稿を確認する最終段階になって、何かミスを見つけると心臓が止まりそうになります。不安になって、また原稿をもう一度読み直す。そして、それを何度も繰り返す。正直、体にも心にもよくない。そのせいで、他の創作活動に費やせるはずの機会を損失してしまいます。

さらに、どんなに注意深く原稿をチェックしても残念ながらミスは残ります。人間ですから完璧な本などつくれません。とある漫画家さんが「漫画を出すことなんて、間違い探しの本を出すようなもんだ」と発言しているのを聞いて、ずいぶん救われたのを覚えています。

ですから、最近では、あとでミスが見つかっても対処できる方法を探ることにしています（もちろん「できるだけいい本をつくろう」という意識は忘れていません）。このように自分が完璧主義で苦労したことから、娘にはいい意味で少し「ちゃらんぽらん」に育ってほしいと思ったのです。

四つ目の理由は、最近ことに他人のミスに対して不寛容な世の中になっている気がするのです。

「一〇〇点で当たり前」という考えを自分にも他人にも押しつけるから、他人が一〇〇点でない場合、それを許せない。それで世の中ギスギスしているのではないか。もう少し、他人のミスに寛容な世の中になったほうがよいのではないか。

ちなみに、「世の中」などという大きな視点で考えなくても、個人個人のレベルでも、他人に一〇〇点を求めない利点がありそうです。

というのも、他人のミスを許さず怒り続けると自分の幸福度が下がり、逆に許すと幸福度が上がることは、現代心理学の実験によっても実証されているようですから。


さて、これまで娘の発言に対して私が感じた違和感の理由を論じてきました。

まとめますと、①人間の学びにとって大事なことは、他人がつくった正解を覚えることではない、②短期的な成果を求めすぎると、より大事なものを見失う可能性がある、③完璧主義は、生きづらくなり、④他人のミスも許せなくなる、ということでした。

ただ、だからと言って、私は小学校教育からテストを廃止しろ、などと言っているわけではありません。子どもの時に、正解のある問題に取り組ませることも必要だと思います。算数や国語などの基礎は、正解のない問題について考えるための道具になりますからね。

しかし、正解がある問題に取り組ませるにしても一〇〇点を目指させるのはよくないと思うのです。


どういうことか。

子どもたちが「一〇〇点」という理想を掲げたとします。しかし、その結果は、最高でもその理想、実際にはその理想に届かないことがほとんどです。

つまり、子どもの時から「失敗」の連続を味わい続け、「理想を超える」という体験ができません。

子どもの時から、そんな失敗の体験を積み重ねれば、失敗する自分を許せなくなってしまうのではないかと心配してしまいます。

おそらく、私自身がそのように育ってしまったと感じているのでしょう。何をするにしても「完璧」を自分に課すようになり、それを達成できないことで自分への自信を失ってしまうのではないか。「自分に厳しい」と言うと美徳のように聞こえますが、自分に厳しくしすぎるあまり、自分を愛せなくなっては本末転倒です。

ありきたりな言い方ですが、人間というものは失敗をするものです。自分の失敗を許せるようにならないと、人生がつらくなります。

また、他人のミスも許せなくなってしまい、人生がさらにつらくなります。そうではなくて、自分の失敗も他人の失敗も許せるような人生のほうが楽しいのではないか、そういう社会のほうがみんな生きやすいのではないか。

それに、一〇〇点よりも低い具体的な目標を設定する利点もあるのです。

例えば、八〇点を目指していれば、その結果として八〇点を超えることも多くあるでしょう。

つまり、「期待以上の成功」という体験を多く味わうことができるわけです。これは子どもたちだけでなく大人にも有効なアドバイスだと思っています。

この思いは、あるプロの歌手の友人に教わったエピソードに強い影響を受けています。

彼は舞台に上がる時に「僕の歌は三〇点です。ごめんなさい」という気持ちでいるそうです。すると、自分の実際のパフォーマンスは三〇点をどんどん超えていくので、気分がさらに上がっていき、最終的にいい結果を残せる。

逆に一〇〇点を目指して舞台に上がると、一つのミスに引きずられ、パフォーマンスは下降していってしまう。

この話には目から鱗でした。私自身のことを思い返してみても、何かをやろうとする時一〇〇点を目指そうとするから緊張するのです。三〇点でいいか、と思って実際に取り組んでみると、緊張も和らいでいい結果が残せる気がしました。

友人が教えてくれたこのアドバイスは、娘たちに限らず、世界中の人とシェアしたい人生のコツだと感じています。

ここで述べたことは、「甘い」と一刀両断されてしまう気もします。「お受験戦争では一点の差で人生が左右されるのだから、こんなきれい事は実際の教育の現場では通用しない」と言われるかもしれません。

それでも、私は少なくとも自分の娘たちに、他人に出されたすでに答えのある問題に解答することを第一に考え、失敗の連続を味わい続け、人生の楽しい部分を味わえず、自分のミスも他人のミスも許せない人間になってほしくない、と思っているのです。

こんな理由で、私は「一〇〇点なんて目指さなくていい」と娘に伝え続けると思います。人生の目標はお受験で成功することではなく、人生を楽しむことにあるのですから。

おわりに

私と小学生たちとの言語学の旅、いかがだったでしょうか？

振り返ってみますと、本書は「原点回帰」でもあり「新たな挑戦」でもありました。というのも、二〇二二年に執筆した書籍は、子育てを切り口にしたり、エッセイ風にしてみたりと、直球勝負の音声学紹介とは少し毛色が異なりました。今回は小学生相手に直球勝負を挑んだという点で「原点回帰」といえます。

しかし一方で、小学生に教えるという点では明らかに「新たな挑戦」であり、また後半部では特に、言語学者として、そして研究者として、「これからの社会・教育がこうあってほしい」という思いを明示的に語らせていただきました。

私は長いこと「実証されたことしか専門家として発言しない」というこだわりを持ち続け、実証が難しい「こうしたほうが世の中がよくなるのでは」といったような発言を意識的に避けてきました。

しかし、今回初めてそのこだわりを乗り越える勇気を出してみました。これは私が研究者として新たなフェーズに入ったということだと思います。

この心境の変化の背後には、やはり娘たちの存在が大きな影響を及ぼしていると思います。

子どもたちが育って生活していくこれからの社会が少しでもよいものになってほしいという思いは、親なら誰しも持つものではないでしょうか。その思いが研究者としての私の意識を変えたのでしょう。

ちょっとした裏話として、もう少し具体的なきっかけもあります。上の娘がダンスを習い始め、発表会も何回か見に行く機会がありました。娘のダンスを堪能するかたわら、私は先生が子どもたちにとても楽しそうに指示を与えている姿を羨ましく感じたのです。

大学教育には長いこと関わってきましたが、もっと小さい子どもたちと一緒に活動してみたい。これからの日本の将来を担う子どもたちと言語学者として関わってみたい。この子たちが楽しく人生を過ごせる社会をつくるために少しでも貢献したい。

本書はそんな思いに動かされながら執筆しました。

本書は、私の母校である和光小学校での特別授業が土台となっています。この授業の実現のためにご尽力いただいた北山ひと美先生に感謝申しあげます。

また、担任としても私を育ててくださり、特別授業にもご足労くださった三苫さつき先生（幼稚園年少、年長）、小菅盛平先生（中学年）、藤田康郎先生（高学年）、ありがとうございます。

実際に和光で授業してみて、今自分がポケモンやプリキュアなどを題材として自由な発想で研究に臨めているのは、和光での教育の影響も小さくなかったのだと痛感しています。先生方と協力して、このような書籍を仕上げられたことを「しげとくん」として誇りに思います。

また、授業に参加してくれた子どもたちにも心から感謝を捧げたいと思います。二時間を超える長丁場にも関わらず、最後まで楽しそうに元気一杯、一緒に議論に付き合ってくれたあの日の思い出は、今でも色あせていません。

原稿の編集にあたって、みんなの発言を読み返すだけで、あの楽しい時間を思いだして少し幸せになります。本当にありがとう。

浅野真菜さん・古澤里菜さん・秋田喜美先生・熊谷学而先生・篠原和子先生からはレベルアップの解説原稿の一部または全部にコメントをいただきました。

とくに浅野さんと古澤さんには、すべての原稿に目を通していただき、学生目線からわかりにくい部分を率直に伝えていただきました。

和光の同志でもあり、幼馴染みとしてもママ友としても私の人生にいてくれる道下摩衣さん。原稿へのコメントはもちろん、授業が始まる前から応援ありがとう。っていうか、和光の同窓生のみんな、素敵な思い出をありがとう。あの「しげと」が和光を舞台にした本を書いたぞー。

本企画は日本印刷のｓｏｙｏｇｏでのウェブ連載がもとになっています。「小学生相手にもわかるように音声学を解説してみては？」という企画を提案し実現に向けて尽力くださった小田尾剛さん、ありがとうございます。

そして、ディスカヴァー・トゥエンティワンの星野悠果さんは前々から「川原先生と本をつくりたい」とおっしゃってくださり、本書によりそれが実現したことを嬉しく思います。そして前著に

作：姉

作：妹

イラストを入れられたお姉ちゃんが羨ましく、「今回の本には私の絵を入れて！」という下の娘のわがまま（？）を受けて入れてくれてありがとうございます。公平を期すために、結局お姉ちゃんにもイラストを描いてもらうことになりましたが……。

本書で紹介した研究の一部は科学技術研究費 #22K00559 及び #20H05617 の補助を受けています。

最後に、本を書くたびに惚気ているようで申し訳ありませんが、妻の朋子には感謝の念が絶えません。言語学者でもあり私の一番の理解者でもある彼女は、私の仕事を支えながら時に忖度ない発言で、私の背筋を正してくれます。

そして二人の娘たちには、改めて言語について考えるということはとても楽しく、また、重要であることを強く認識させてもらいました。いつも本当にありがとう。

最後になりますが、『私が娘に「一〇〇点なんて目指さなくていい」と言った理由』で書いたように、本書の文責を私が一手に引き受けると私の精神は崩壊し、次の仕事に向かう気力がなくなってしまいます。ミスはないように心がけましたが、ミスがないかどうか怯えるよりも、ミスや追記事項があった場合サポートページ（http://user.keio.ac.

jp/~kawahara/d21.html）で公開する、という道を私は選びました。
本書の最後まで目を通してくださった読者のみなさまに感謝を捧げて、本書の本当の締めとしたいと思います。

川原繁人

スペシャルサンクス　授業に参加してくれたみなさま

〈4-1〉上田蘭（らん）
加藤紗葉（さやは）
大島菜実（なみ）
高畑凪（なぎ）
岡田樹璃（じゅり）
乙名航太朗（こうたろう）
坪井美都（みと）
杉橋優（ゆう）
中野温真（はるま）

〈4-2〉倉科芽以ガイア（めい）
尾添夏芽（なつめ）
宇都見紗代（さよ）
田中みあ
小泉龍平（りゅうへい）
石月せな

〈5-1〉中島海心（かいしん）
関朝人（あさと）
後藤月花（つきか）
森清日和（ひより）
高木円子（わこ）
近藤美都（みと）
滝川空（そら）
並木亮太朗（りょうたろう）

〈5-2〉塚本空（そら）
宮本旺志朗（おうしろう）
金沢しあ

〈6-1〉本田あける
中井結実（ゆみ）

〈6-2〉蛭田モモ
高畑ナル
加藤空人（あきと）
都筑智尋（ちひろ）
増田愉菜（ゆな）

参考文献

2時間目

・声帯の図：川原繁人（2018）『ビジュアル音声学』（三省堂）より引用。もとの画像・動画提供：東大病院耳鼻咽喉科音声研究チーム（榊原健一、大塚満美子、田山二朗、今川博）

レベルアップ2

・調音点などの詳しい説明や飴を使った実習：川原繁人（2022）『音声学者、娘とことばの不思議に飛び込む～プリチュアからカピチュウ、おっけーぐるぐるまで～』（朝日出版社）

3時間目

・「は」は「ぱ」だった：上田萬年（1898）「P音考」『帝国文学』4巻1号

・「ぱ行」はお菓子の名前に多い：川原繁人（2017）『「あ」は「い」より大きい!?　音象徴で学ぶ音声学入門』（ひつじ書房）

レベルアップ3

・パーニニについて：Kiparsky, P.（2022）Panini. In E. Dresher and H. v.d. Hulst（eds.），

Handbook of the History of Phonology. Oxford: Oxford University Press. pp.38-63.
・子どもの言語習得に関してより詳しく：川原繁人（２０２２）『音声学者、娘とことばの不思議に飛び込む』（前掲）
・英語とオランダ語のデータ：Levelt, C. C,（2011）Consonant harmony in child language. In M. v, Oostendorp et al.（eds.）The Blackwell Companion to Phonology. Wiley-Blackwell. pp. 1691-1716.
・乳幼児と大人の口腔の比較：Vorperian, H.K. et al.（1999）Magnetic resonance imaging procedures to study the concurrent anatomic development of vocal tract structures: Preliminary studies. International Journal of Pediatric Otorhinolaryngology 49: 197-206.

4時間目

・プリキュア研究の始まり：川原繁人（２０１９）プリキュア名と両唇音の音象徴（日本音声学会予稿集）
・喃語に両唇音が多い：Jakobson, R.（1941/1968）Kindersprache, Aphasie und allegemeine Lautgesetze. The Hague: Mouton.

レベルアップ４

・共鳴音は女性の名前に多い：川原繁人（２０１３）メイド文化と音声学『メイドカフェ批評』：

112-121.

5時間目

・ポケモン研究についてもっと詳しく：川原繁人（２０２２）『フリースタイル言語学』（大和書房）

・またポケモン研究は常に新しい論文が発表されていますので、興味がある方はこの概観論文をご参照ください：Kawahara, S.（2023）How Pokémonastics has evolved. https://ling.auf.net/lingbuzz/005843.

・ＭＲＩ図：Proctor, M. et al.（2010）Pharyngeal articulation in the production of voiced and voiceless fricatives. The Journal of the Acoustical Society of America 127: 1507-1518.

レベルアップ5

・このコラムであげている観察の多くは先述の『フリースタイル言語学』で詳しく論じています。加えて、関西大学の熊谷学而先生のウェブサイトもご覧ください（https://tinyurl.com/4355mxxb）。その他詳細は、サポートページで。

6時間目

・頭蓋骨の絵：Kiparsky, P.（2022）Linguistics then and now: The view from NELS. Proceedings of NELS 50, Vol.2, 101-118.

- 声色実験１：Perlman, M. & G. Lupyan（2018）People can create iconic vocalizations to communicate various meanings to naïve listeners. Scientific Reports 8: 1–14.
- 声色実験２：Ćwiek, A. et al.（2021）Novel vocalizations are understood across cultures. Scientific Reports 11: 10108.

レベルアップ6

- クラテュロス：プラトン『クラテュロス』プラトン全集〈2〉（岩波書店）
- 音象徴は言語習得の手がかりになる：Imai, M. & S. Kita（2014）The sound symbolism bootstrapping hypothesis for language acquisition and language evolution. Philosophical Transactions of the Royal Society B. 369, 20130298.
- 初期に身につける語彙の音象徴性について：Perry, L. et al.（2017）Iconicity in the speech of children and adults. Developmental Science 21（3）: e12572.

7時間目

琉球諸方言の系図：木部陽子（２００４）奄美の方言・奄美ニューズレター 11: 8-19.

レベルアップ7

・黒人英語に対する差別について：Pullum, G.K.（2018）Linguistics: Why it Matters. Polity Press.

・19世紀の言語思想：Harris, R. & Taylor, T. J.（1989）Landmarks in Linguistic Thought: The Western Tradition from Socrates to Saussure. Routledge.

放課後

・オノマトペについて詳しく：秋田喜美（２０２２）『オノマトペの認知科学』（新曜社）

・言語における曖昧性について：川添愛（２０２１）『ふだん使いの言語学』（新潮選書）

対談

・人間言語と機械が学ぶ言語の違いについては前掲のPullum（２０１８）や川添愛（２０１７）『働きたくないイタチと言葉がわかるロボット』（朝日出版社）などを参照ください。

対談を受けて

・許すことが幸せにつながる：Luskin, F.（2003）Forgive for Good: A Proven Prescription for Health and Happiness. HarperOne.

なぜ、おかしの名前はパピプペポが多いのか？

言語学者、小学生の質問に本気で答える

発行日　2023年7月21日　第1刷
2024年8月1日　第3刷

Author　川原繁人
Illustrator　ナミサトリ
Book Designer　佐藤亜沙美
Publication　株式会社ディスカヴァー・トゥエンティワン
〒102-0093　東京都千代田区平河町2-16-1 平河町森タワー 11F
TEL　03-3237-8321（代表）03-3237-8345（営業）
FAX　03-3237-8323
https://d21.co.jp/
Publisher　谷口奈緒美
Editor　星野悠果

Distribution Company
飯田智樹　蛯原昇　古矢薫　佐藤昌幸　青木翔平　磯部隆　井筒浩　北野風生　副島杏南
廣内悠理　松ノ下直輝　三輪真也　八木眸　山田諭志　小山怜那　千葉潤子　町田加奈子

Online Store & Rights Company
庄司知世　杉田彰子　阿知波淳平　大﨑双葉　近江花渚　滝口景太郎　田山礼真
徳間凜太郎　古川菜津子　鈴木雄大　高原未来子　藤井多穂子　厚見アレックス太郎
金野美穂　陳玟萱　松浦麻恵

Product Management Company
大山聡子　大竹朝子　藤田浩芳　三谷祐一　千葉正幸　中島俊平　青木涼馬　伊東佑真
榎本明日香　大田原恵美　小石亜季　舘瑞恵　西川なつか　野﨑竜海　野中保奈美
野村美空　橋本莉奈　林秀樹　星野悠果　牧野類　村尾純司　元木優子　安永姫菜
浅野目七重　神日登美　小林亜由美　波塚みなみ　林佳菜

Digital Solution & Production Company
大星多聞　小野航平　馮東平　森谷真一　宇賀神実　津野主揮　林秀規　斎藤悠人
福田章平美

Headquarters
川島理　小関勝則　田中亜紀　山中麻吏　井上竜之介　奥田千晶　小田木もも　佐藤淳基
福永友紀　俵敬子　池田望　石橋佐知子　伊藤香　伊藤由美　鈴木洋子　藤井かおり
丸山香織

Proofreader　株式会社鷗来堂
DTP　有限会社エムアンドケイ
Printing　中央精版印刷株式会社

ISBN 978-4-7993-2975-7
NAZE OKASHINO NAMAEHA PAPIPUPEPOGA OINOKA?
GENGOGAKUSHA SHOGAKUSEINO SHITSUMONNI
HONKIDE KOTAERU by Shigeto Kawahara